Claude Lévi-Strauss

de l'Académie française

Race
et histoire

SUIVI DE

L'œuvre
de Claude Lévi-Strauss

PAR JEAN POUILLON

Denoël

Claude Lévi-Strauss, né à Bruxelles le 28 novembre 1908, est à la fois philosophe et ethnologue. Après avoir terminé ses études à Paris avec le titre d'agrégé de philosophie, il se consacre d'abord à l'enseignement, puis, en 1935, se rend au Brésil pour y occuper la chaire de sociologie de l'université de São Paulo. C'est alors que le philosophe se mue en ethnologue et dirige plusieurs expéditions scientifiques dans le Matto Grosso et en Amazonie méridionale.

De 1942 à 1945 il est professeur à la New York School for Social Research. En 1950, il est nommé directeur d'études à l'École pratique des Hautes Études (chaire des religions comparées des peuples sans écriture); de 1959 à 1982 il occupe la chaire d'anthropologie sociale du Collège de France.

Ses travaux ont fait de Claude Lévi-Strauss une des figures les plus marquantes de l'ethnologie et de la pensée contemporaines. « L'ethnologie, se plaît-il à dire, représente un peu pour les sciences humaines ce que fut, à ses débuts, l'astronomie pour les sciences physiques encore à naître. Les sociétés que nous étudions sont comme des objets situés très loin de nous dans le temps ou l'espace. De ce fait, nous ne pouvons apercevoir que leurs propriétés essentielles. A force d'étudier ainsi de loin un grand nombre de sociétés, je crois que nous arrivons mieux à dégager certains caractères fondamentaux de la société humaine en général. »

AVERTISSEMENT

En 1952, l'Unesco publiait une série de brochures consacrées au problème du racisme dans le monde. Parmi celles-ci, Claude Lévi-Strauss donnait, avec « Race et histoire », un court essai qui dépassait de beaucoup son sujet pour introduire à une réflexion nouvelle sur la culture occidentale, le sens de la civilisation, le caractère aléatoire du temps historique, etc. En fait, c'était déjà quelques-uns des principes de la pensée actuelle de l'auteur qui, sans technicité exagérée et dans une langue toujours claire et précise, s'y trouvaient formulés. Mais, à l'époque, Lévi-Strauss qui avait publié trois ans auparavant « Les structures élémentaires de la parenté » était connu des seuls spécialistes; il était encore le « Professeur » Claude Lévi-Strauss. Aujourd'hui, il est devenu le maître du structuralisme dont le nom est connu d'un large public.

L'ÉDITEUR.

1

RACE ET CULTURE

Parler de contribution des races humaines à la civilisation mondiale pourrait avoir de quoi surprendre, dans une collection de brochures destinées à lutter contre le préjugé raciste. Il serait vain d'avoir consacré tant de talent et tant d'efforts à montrer que rien, dans l'état actuel de la science, ne permet d'affirmer la supériorité ou l'infériorité intellectuelle d'une race par rapport à une autre, si c'était seulement pour restituer subrepticement sa consistance à la notion de race, en paraissant démontrer que les grands groupes ethniques qui composent l'humanité ont apporté, *en tant que tels,* des contributions spécifiques au patrimoine commun.

Mais rien n'est plus éloigné de notre dessein qu'une telle entreprise qui aboutirait seulement à formuler la doctrine raciste à l'envers. Quand on cherche à caractériser les races biologiques par des propriétés psychologiques particulières, on s'écarte autant de la vérité scientifique en les définissant de façon positive que négative. Il ne faut pas oublier que Gobineau,

dont l'histoire a fait le père des théories racistes, ne
concevait pourtant pas l' « inégalité des races humaines » de manière quantitative, mais qualitative :
pour lui, les grandes races primitives qui formaient
l'humanité à ses débuts — blanche, jaune, noire
— n'étaient pas tellement inégales en valeur absolue
que diverses dans leurs aptitudes particulières. La
tare de la dégénérescence s'attachait pour lui au
phénomène du métissage plutôt qu'à la position de
chaque race dans une échelle de valeurs commune
à toutes ; elle était donc destinée à frapper l'humanité tout entière, condamnée, sans distinction de
race, à un métissage de plus en plus poussé. Mais le
péché originel de l'anthropologie consiste dans la
confusion entre la notion purement biologique de
race (à supposer, d'ailleurs, que, même sur ce terrain
limité, cette notion puisse prétendre à l'objectivité
ce que la génétique moderne conteste) et les produc-
tions sociologiques et psychologiques des cultures
humaines. Il a suffi à Gobineau de l'avoir commis
pour se trouver enfermé dans le cercle infernal qui
conduit d'une erreur intellectuelle n'excluant pas la
bonne foi à la légitimation involontaire de toutes les
tentatives de discrimination et d'exploitation.

Aussi, quand nous parlons, en cette étude, de
contribution des races humaines à la civilisation, ne
voulons-nous pas dire que les apports culturels de
l'Asie ou de l'Europe, de l'Afrique ou de l'Amérique
tirent une quelconque originalité du fait que ces
continents sont, en gros, peuplés par des habitants de

souches raciales différentes. Si cette originalité existe
— et la chose n'est pas douteuse — elle tient à des
circonstances géographiques, historiques et sociologiques, non à des aptitudes distinctes liées à la consti-
tution anatomique ou physiologique des noirs, des
jaunes ou des blancs. Mais il nous est apparu que,
dans la mesure même où cette série de brochures
s'est efforcée de faire droit à ce point de vue négatif,
elle risquait, en même temps, de reléguer au second
plan un aspect également très important de la vie de
l'humanité : à savoir que celle-ci ne se développe
pas sous le régime d'une uniforme monotonie, mais
à travers des modes extraordinairement diversifiés
de sociétés et de civilisations ; cette diversité intellectuelle, esthétique, sociologique, n'est unie par
aucune relation de cause à effet à celle qui existe,
sur le plan biologique, entre certains aspects obser-
vables des groupements humains : elle lui est seulement parallèle sur un autre terrain. Mais, en même
temps, elle s'en distingue par deux caractères importants. D'abord elle se situe dans un autre ordre de
grandeur. Il y a beaucoup plus de cultures humaines
que de races humaines, puisque les unes se comptent
par milliers et les autres par unités : deux cultures
élaborées par des hommes appartenant à la même
race peuvent différer autant, ou davantage, que deux
cultures relevant de groupes racialement éloignés.
En second lieu, à l'inverse de la diversité entre les
races, qui présente pour principal intérêt celui de
leur origine historique et de leur distribution dans

l'espace, la diversité entre les cultures pose de nombreux problèmes, car on peut se demander si elle constitue pour l'humanité un avantage ou un inconvénient, question d'ensemble qui se subdivise, bien entendu, en beaucoup d'autres.

Enfin et surtout on doit se demander en quoi consiste cette diversité, au risque de voir les préjugés racistes, à peine déracinés de leur base biologique, se reformer sur un nouveau terrain. Car il serait vain d'avoir obtenu de l'homme de la rue qu'il renonce à attribuer une signification intellectuelle ou morale au fait d'avoir la peau noire ou blanche, le cheveu lisse ou crépu, pour rester silencieux devant une autre question à laquelle l'expérience prouve qu'il se raccroche immédiatement : s'il n'existe pas d'aptitudes raciales innées, comment expliquer que la civilisation développée par l'homme blanc ait fait les immenses progrès que l'on sait, tandis que celles des peuples de couleur sont restées en arrière, les unes à mi-chemin, les autres frappées d'un retard qui se chiffre par milliers ou dizaines de milliers d'années ? On ne saurait donc prétendre avoir résolu par la négative le problème de l'inégalité des *races* humaines, si l'on ne se penche pas aussi sur celui de l'inégalité — ou de la diversité — des *cultures* humaines qui, en fait sinon en droit, lui est, dans l'esprit public, étroitement lié.

2

DIVERSITE DES CULTURES

Pour comprendre comment, et dans quelle mesure, les cultures humaines diffèrent entre elles, si ces différences s'annulent ou se contredisent, ou si elles concourent à former un ensemble harmonieux, il faut d'abord essayer d'en dresser l'inventaire. Mais c'est ici que les difficultés commencent, car nous devons nous rendre compte que les cultures humaines ne diffèrent pas entre elles de la même façon, ni sur le même plan. Nous sommes d'abord en présence de sociétés juxtaposées dans l'espace, les unes proches, les autres lointaines, mais, à tout prendre, contemporaines. Ensuite nous devons compter avec des formes de la vie sociale qui se sont succédé dans le temps et que nous sommes empêchés de connaître par expérience directe. Tout homme peut se transformer en ethnographe et aller partager sur place l'existence d'une société qui l'intéresse ; par contre, même s'il devient historien ou archéologue, il n'entrera jamais directement en contact avec une civilisation disparue, mais seulement à travers les documents

écrits ou les monuments figurés que cette société —
ou d'autres — auront laissés à son sujet. Enfin, il ne
faut pas oublier que les sociétés contemporaines
restées ignorantes de l'écriture, comme celles que
nous appelons « sauvages » ou « primitives », furent,
elles aussi, précédées par d'autres formes, dont la
connaissance est pratiquement impossible, fût-ce de
manière indirecte ; un inventaire consciencieux se
doit de leur réserver des cases blanches sans doute
en nombre infiniment plus élevé que celui des cases
où nous nous sentons capables d'inscrire quelque
chose. Une première constatation s'impose : la diversité des cultures humaines est, en fait dans le présent, en fait et aussi en droit dans le passé, beaucoup
plus grande et plus riche que tout ce que nous sommes destinés à en connaître jamais.

Mais, même pénétrés d'un sentiment d'humilité
et convaincus de cette limitation, nous rencontrons
d'autres problèmes. Que faut-il entendre par cultures différentes ? Certaines semblent l'être, mais si
elles émergent d'un tronc commun elles ne diffèrent
pas au même titre que deux sociétés qui à aucun
moment de leur développement n'ont entretenu de
rapports. Ainsi l'ancien empire des Incas du Pérou
et celui du Dahomey en Afrique diffèrent entre eux
de façon plus absolue que, disons, l'Angleterre et
les Etats-Unis d'aujourd'hui, bien que ces deux sociétés doivent aussi être traitées comme des sociétés
distinctes. Inversement, des sociétés entrées récemment en contact très intime paraissent offrir l'image

de la même civilisation alors qu'elles y ont accédé par des chemins différents, que l'on n'a pas le droit de négliger. Il y a simultanément à l'œuvre, dans les sociétés humaines, des forces travaillant dans des directions opposées : les unes tendant au maintien et même à l'accentuation des particularismes ; les autres agissant dans le sens de la convergence et de l'affinité. L'étude du langage offre des exemples frappants de tels phénomènes : ainsi, en même temps que des langues de même origine ont tendance à se différencier les unes par rapport aux autres (tels : le russe, le français et l'anglais), des langues d'origines variées, mais parlées dans des territoires contigus, développent des caractères communs : par exemple, le russe s'est, à certains égards, différencié d'autres langues slaves pour se rapprocher, au moins par certains traits phonétiques, des langues finno-ougriennes et turques parlées dans son voisinage géographique immédiat.

Quand on étudie de tels faits — et d'autres domaines de la civilisation, comme les institutions sociales, l'art, la religion, en fourniraient aisément de semblables — on en vient à se demander si les sociétés humaines ne se définissent pas, en égard à leurs relations mutuelles, par un certain *optimum* de diversité au-delà duquel elles ne sauraient aller, mais en dessous duquel elles ne peuvent, non plus, descendre sans danger. Cet optimum varierait en fonction du nombre des sociétés, de leur importance numérique, de leur éloignement géographique et des

moyens de communication (matériels et intellectuels)
dont elles disposent. En effet, le problème de la
diversité ne se pose pas seulement à propos des
cultures envisagées dans leurs rapports réciproques ;
il existe aussi au sein de chaque société, dans tous
les groupes qui la constituent : castes, classes, milieux
professionnels ou confessionnels, etc., développent
certaines différences auxquelles chacun d'eux attache
une extrême importance. On peut se demander si
cette *diversification* interne ne tend pas à s'accroître
lorsque la société devient, sous d'autres rapports,
plus volumineuse et plus homogène ; tel fut, peut-
être, le cas de l'Inde ancienne, avec son système de
castes s'épanouissant à la suite de l'établissement de
l'hégémonie aryenne.

On voit donc que la notion de la diversité des
cultures humaines ne doit pas être conçue d'une
manière statique. Cette diversité n'est pas celle d'un
échantillonnage inerte ou d'un catalogue desséché.
Sans doute les hommes ont-ils élaboré des cultures
différentes en raison de l'éloignement géographique,
des propriétés particulières du milieu et de l'ignorance où ils étaient du reste de l'humanité ; mais
cela ne serait rigoureusement vrai que si chaque
culture ou chaque société était liée et s'était développée dans l'isolement de toutes les autres. Or cela
n'est jamais le cas, sauf peut-être dans des exemples
exceptionnels comme celui des Tasmaniens (et là
encore, pour une période limitée). Les sociétés
humaines ne sont jamais seules ; quand elles sem-

blent le plus séparées, c'est encore sous forme de groupes ou de paquets. Ainsi, il n'est pas exagéré de supposer que les cultures nord-américaines et sud-américaines ont été coupées de presque tout contact avec le reste du monde pendant une période dont la durée se situe entre dix mille et vingt-cinq mille années. Mais ce gros fragment d'humanité détachée consistait en une multitude de sociétés, grandes et petites, qui avaient entre elles des contacts fort étroits. Et à côté des différences dues à l'isolement, il y a celles, tout aussi importantes, dues à la proximité : désir de s'opposer, de se distinguer, d'être soi. Beaucoup de coutumes sont nées, non de quelque nécessité interne ou accident favorable, mais de la seule volonté de ne pas demeurer en reste par rapport à un groupe voisin qui soumettait à un usage précis un domaine où l'on n'avait pas songé soi-même à édicter des règles. Par conséquent, la diversité des cultures humaines ne doit pas nous inviter à une observation morcelante ou morcelée. Elle est moins fonction de l'isolement des groupes que des relations qui les unissent.

3

L'ETHNOCENTRISME

Et pourtant, il semble que la diversité des cultures soit rarement apparue aux hommes pour ce qu'elle est : un phénomène naturel, résultant des rapports directs ou indirects entre les sociétés ; ils y ont plutôt vu une sorte de monstruosité ou de scandale ; dans ces matières, le progrès de la connaissance n'a pas tellement consisté à dissiper cette illusion au profit d'une vue plus exacte qu'à l'accepter ou à trouver le moyen de s'y résigner.

L'attitude la plus ancienne, et qui repose sans doute sur des fondements psychologiques solides puisqu'elle tend à réapparaître chez chacun de nous quand nous sommes placés dans une situation inattendue, consiste à répudier purement et simplement les formes culturelles : morales, religieuses, sociales, esthétiques, qui sont les plus éloignées de celles auxquelles nous nous identifions. « Habitudes de sauvages », « cela n'est pas de chez nous », « on ne devrait pas permettre cela », etc., autant de réactions grossières qui traduisent ce même frisson,

cette même répulsion, en présence de manières de
vivre, de croire ou de penser qui nous sont étran-
gères. Ainsi l'Antiquité confondait-elle tout ce qui
ne participait pas de la culture grecque (puis gréco-
romaine) sous le même nom de barbare ; la civilisation occidentale a ensuite utilisé le terme de sauvage dans le même sens. Or derrière ces épithètes
se dissimule un même jugement : il est probable que
le mot barbare se réfère étymologiquement à la
confusion et à l'inarticulation du chant des oiseaux,
opposées à la valeur signifiante du langage humain ;
et sauvage, qui veut dire « de la forêt », évoque
aussi un genre de vie animale, par opposition à la
culture humaine. Dans les deux cas, on refuse d'admettre le fait même de la diversité culturelle ;
on préfère rejeter hors de la culture, dans la nature,
tout ce qui ne se conforme pas à la norme sous
laquelle on vit.

Ce point de vue naïf, mais profondément ancré
chez la plupart des hommes, n'a pas besoin d'être
discuté puisque cette brochure en constitue précisément la réfutation. Il suffira de remarquer ici qu'il
recèle un paradoxe assez significatif. Cette attitude
de pensée, au nom de laquelle on rejette les « sauvages » (ou tous ceux qu'on choisit de considérer
comme tels) hors de l'humanité, est justement l'attitude la plus marquante et la plus distinctive de ces
sauvages mêmes. On sait, en effet, que la notion
d'humanité, englobant, sans distinction de race ou
de civilisation, toutes les formes de l'espèce humaine,

est d'apparition fort tardive et d'expansion limitée.
Là même où elle semble avoir atteint son plus haut
développement, il n'est nullement certain — l'histoire récente le prouve — qu'elle soit établie à l'abri
des équivpques ou des régressions. Mais, pour de
vastes fractions de l'espèce humaine et pendant des
dizaines de millénaires, cette notion paraît être totalement absente. L'humanité cesse aux frontières de
la tribu, du groupe linguistique, parfois même du
village ; à tel point qu'un grand nombre de populations dites primitives se désignent d'un nom qui
signifie les « hommes » (ou parfois — dirons-nous
avec plus de discrétion — les « bons », les « excel-
lents », les « complets »), impliquant ainsi que les
autres tribus, groupes ou villages ne participent pas
des vertus — ou même de la nature — humaines,
mais sont tout au plus composés de « mauvais », de
« méchants », de « singes de terre » ou d'« œufs de
pou ». On va souvent jusqu'à priver l'étranger de
ce dernier degré de réalité en en faisant un « fantôme » ou une « apparition ». Ainsi se réalisent de
curieuses situations où deux interlocuteurs se donnent cruellement la réplique. Dans les Grandes
Antilles, quelques années après la découverte de
l'Amérique, pendant que les Espagnols envoyaient
des commissions d'enquête pour rechercher si les
indigènes possédaient ou non une âme, ces derniers
s'employaient à immerger des blancs prisonniers
afin de vérifier par une surveillance prolongée si leur
cadavre était, ou non, sujet à la putréfaction.

Cette anecdote à la fois baroque et tragique illustre bien le paradoxe du relativisme culturel (que nous retrouverons ailleurs sous d'autres formes) : c'est dans la mesure même où l'on prétend établir une discrimination entre les cultures et les coutumes que l'on s'identifie le plus complètement avec celles qu'on essaye de nier. En refusant l'humanité à ceux qui apparaissent comme les plus « sauvages » ou « barbares » de ses représentants, on ne fait que leur emprunter une de leurs attitudes typiques. Le barbare, c'est d'abord l'homme qui croit à la barbarie.

Sans doute les grands systèmes philosophiques et religieux de l'humanité — qu'il s'agisse du bouddhisme, du christianisme ou de l'islam, des doctrines stoïcienne, kantienne ou marxiste — se sont-ils constamment élevés contre cette aberration. Mais la simple proclamation de l'égalité naturelle entre tous les hommes et de la fraternité qui doit les unir, sans distinction de races ou de cultures, a quelque chose de décevant pour l'esprit, parce qu'elle néglige une diversité de fait, qui s'impose à l'observation et dont il ne suffit pas de dire qu'elle n'affecte pas le fond du problème pour que l'on soit théoriquement et pratiquement autorisé à faire comme si elle n'existait pas. Ainsi le préambule à la seconde déclaration de l'Unesco sur le problème des races remarque judicieusement que ce qui convainc l'homme de la rue que les races existent, c'est l'« évidence immédiate de ses sens quand il aperçoit ensemble un

Africain, un Européen, un Asiatique et un Indien américain ».

Les grandes déclarations des droits de l'homme ont, elles aussi, cette force et cette faiblesse d'énoncer un idéal trop souvent oublieux du fait que l'homme ne réalise pas sa nature dans une humanité abstraite, mais dans des cultures traditionnelles où les changements les plus révolutionnaires laissent subsister des pans entiers et s'expliquent eux-mêmes en fonction d'une situation strictement définie dans le temps et dans l'espace. Pris entre la double tentation de condamner des expériences qui le heurtent affectivement, et de nier des différences qu'il ne comprend pas intellectuellement, l'homme moderne s'est livré à cent spéculations philosophiques et sociologiques pour établir de vains compromis entre ces pôles contradictoires, et rendre compte de la diversité des cultures tout en cherchant à supprimer ce qu'elle conserve pour lui de scandaleux et de choquant.

Mais, si différentes et parfois si bizarres qu'elles puissent être, toutes ces spéculations se ramènent en fait à une seule recette, que le terme de *faux évolutionnisme* est sans doute le mieux apte à caractériser. En quoi consiste-t-elle ? Très exactement, il s'agit d'une tentative pour supprimer la diversité des cultures tout en feignant de la reconnaître pleinement. Car, si l'on traite les différents états où se trouvent les sociétés humaines, tant anciennes que lointaines, comme des *stades* ou des *étapes* d'un développement

unique qui, partant du même point, doit les faire
converger vers le même but, on voit bien que la
diversité n'est plus qu'apparente. L'humanité devient
une et identique à elle-même ; seulement, cette unité
et cette identité ne peuvent se réaliser que progressivement et la variété ⤳des cultures illustre les
moments d'un processus qui dissimule une réalité
plus profonde ou en retarde la manifestation.

Cette définition peut paraître sommaire quand
on a présent à l'esprit les immenses conquêtes du
darwinisme. Mais celui-ci n'est pas en cause, car
l'évolutionnisme biologique et le pseudo-évolution-
nisme que nous avons ici en vue sont deux doctrines
très différentes. La première est née comme une vaste
hypothèse de travail, fondée sur des observations où
la part laissée à l'interprétation est fort petite. Ainsi,
les différents types constituant la généalogie du
cheval peuvent être rangés dans une série évolutive
pour deux raisons : la première est qu'il faut un
cheval pour engendrer un cheval ; la seconde, que
des couches de terrain superposées, donc historiquement de plus en plus anciennes, contiennent des
squelettes qui varient de façon graduelle depuis la
forme la plus récente jusqu'à la plus archaïque. Il
devient ainsi hautement probable que *Hipparion* soit
l'ancêtre réel de *Equus caballus*. Le même raisonne-
ment s'applique sans doute à l'espèce humaine et à
ses races. Mais quand on passe des faits biologiques
aux faits de culture, les choses se compliquent singulièrement. On peut recueillir dans le sol des objets

matériels, et constater que, selon la profondeur des
couches géologiques, la forme ou la technique de
fabrication d'un certain type d'objet varie progressivement. Et pourtant une hache ne donne pas phy-
siquement naissance à une hache, à la façon d'un
animal. Dire, dans ce dernier cas, qu'une hache a
évolué à partir d'une autre constitue donc une formule métaphorique et approximative, dépourvue de
la rigueur scientifique qui s'attache à l'expression
similaire appliquée aux phénomènes biologiques. Ce
qui est vrai d'objets matériels dont la présence physique est attestée dans le sol, pour des époques déter-
minables, l'est plus encore pour les institutions, les
croyances, les goûts, dont le passé nous est généralement inconnu. La notion d'évolution biologique
correspond à une hypothèse dotée d'un des plus
hauts coefficients de probabilité qui puissent se ren-
contrer dans le domaine des sciences naturelles ;
tandis que la notion d'évolution sociale ou culturelle
n'apporte, tout au plus, qu'un procédé séduisant,
mais dangereusement commode, de présentation des
faits.

D'ailleurs, cette différence, trop souvent négligée,
entre le vrai et le faux évolutionnisme s'explique
par leurs dates d'apparition respectives. Sans doute,
l'évolutionnisme sociologique devait recevoir une
impulsion vigoureuse de la part de l'évolutionnisme
biologique ; mais il lui est antérieur dans les faits.
Sans remonter jusqu'aux conceptions antiques, reprises par Pascal, assimilant l'humanité à un être

vivant qui passe par les stades successifs de l'enfance, de l'adolescence et de la maturité, c'est au XVIIIᵉ siècle qu'on voit fleurir les schémas fondamentaux qui seront, par la suite, l'objet de tant de manipulations : les « spirales » de Vico, ses « trois âges » annonçant les « trois états » de Comte, l'« escalier » de Condorcet. Les deux fondateurs de l'évolutionnisme social, Spencer et Tylor, élaborent et publient leur doctrine avant *L'origine des espèces* ou sans avoir lu cet ouvrage. Antérieur à l'évolutionnisme biologique, théorie scientifique, l'évolutionnisme social n'est, trop souvent, que le maquillage faussement scientifique d'un vieux problème philosophique dont il n'est nullement certain que l'observation et l'induction puissent un jour fournir la clef.

4

CULTURES ARCHAIQUES
ET CULTURES PRIMITIVES

Nous avons suggéré que chaque société peut, de son propre point de vue, répartir les cultures en trois catégories : celles qui sont ses contemporaines, mais se trouvent situées en un autre lieu du globe ; celles qui se sont manifestées approximativement dans le même espace, mais l'ont précédée dans le temps ; celles, enfin, qui ont existé à la fois dans un temps antérieur au sien et dans un espace différent de celui où elle se place.

On a vu que ces trois groupes sont très inégalement connaissables. Dans le cas du dernier, et quand il s'agit de cultures sans écriture, sans architecture et à techniques rudimentaires (comme c'est le cas pour la moitié de la terre habitée et pour 90 à 99 %, selon les régions, du laps de temps écoulé depuis le début de la civilisation), on peut dire que nous ne pouvons rien en savoir et que tout ce qu'on essaie de se présenter à leur sujet se réduit à des hypothèses gratuites.

Par contre, il est extrêmement tentant de chercher à établir, entre les cultures du premier groupe,
des relations équivalant à un ordre de succession
dans le temps. Comment des sociétés contemporaines, restées ignorantes de l'électricité et de la machine
à vapeur, n'évoqueraient-elles pas la phase corres-
pondante du développement de la civilisation occidentale ? Comment ne pas comparer les tribus indigènes, sans écriture et sans métallurgie, mais traçant
des figures sur les parois rocheuses et fabriquant des
outils de pierre, avec les formes archaïques de cette
même civilisation, dont les vestiges trouvés dans les
grottes de France et d'Espagne attestent la simila-
rité ? C'est là surtout que le faux évolutionnisme
s'est donné libre cours. Et pourtant ce jeu séduisant,
auquel nous nous abandonnons presque irrésistible-
ment chaque fois que nous en avons l'occasion (le
voyageur occidental ne se complaît-il pas à retrouver
le « moyen âge » en Orient, le « siècle de Louis
XIV » dans le Pékin d'avant la première guerre
mondiale, l'« âge de la pierre » parmi les indigènes
d'Australie ou de la Nouvelle-Guinée ?), est extraordinairement pernicieux. Des civilisations disparues,
nous ne connaissons que certains aspects, et ceux-ci
sont d'autant moins nombreux que la civilisation
considérée est plus ancienne, puisque les aspects
connus sont ceux-là seuls qui ont pu survivre aux
destruction du temps. Le procédé consiste donc à
prendre la partie pour le tout, à conclure, du fait
que *certains* aspects de deux civilisations (l'une

actuelle, l'autre disparue) offrent des ressemblances, à l'analogie de *tous* les aspects. Or non seulement cette façon de raisonner est logiquement insoutenable, mais dans bon nombre de cas elle est démentie par les faits.

Jusqu'à une époque relativement récente, les Tasmaniens, les Patagons possédaient des instruments de pierre taillée, et certaines tribus australiennes et américaines en fabriquent encore. Mais l'étude de ces instruments nous aide fort peu à comprendre l'usage des outils de l'époque paléolithique. Comment se servait-on des fameux « coups-de-poing » dont l'utilisation devait pourtant être si précise que leur forme et leur technique de fabrication sont restées standardisées de façon rigide pendant cent ou deux cent mille années, et sur un territoire s'étendant de l'Angleterre à l'Afrique du Sud, de la France à la Chine ? A quoi servaient les extraordinaires pièces levalloisiennes, triangulaires et aplaties, qu'on trouve par centaines dans les gisements et dont aucune hypothèse ne parvient à rendre compte ? Qu'étaient les prétendus « bâtons de commandement » en os de renne ? Quelle pouvait être la technologie des cultures tardenoisiennes qui ont abandonné derrière elles un nombre incroyable de minuscules morceaux de pierre taillée, aux formes géométriques infiniment diversifiées, mais fort peu d'outils à l'échelle de la main humaine ? Toutes ces incertitudes montrent qu'entre les sociétés paléolithiques et certaines sociétés indigènes contemporai-

nes existe toujours une ressemblance : elles se sont
servies d'un outillage de pierre taillée. Mais, même
sur le plan de la technologie, il est difficile d'aller
plus loin : la mise en œuvre du matériau, les types
d'instruments, donc leur destination, étaient différents et les uns nous apprennent peu sur les autres
à ce sujet. Comment donc pourraient-ils nous ins-
truire sur le langage, les institutions sociales ou les
croyances religieuses ?

Une des interprétations les plus populaires, parmi
celles qu'inspire l'évolutionnisme culturel, traite les
peintures rupestres que nous ont laissées les sociétés
du paléolithique moyen comme des figurations magi-
ques liées à des rites de chasse. La marche du raison-
nement est la suivante : les populations primitives
actuelles ont des rites de chasse, qui nous apparaissent souvent dépourvus de valeur utilitaire ; les peintures rupestres préhistoriques, tant par leur nombre
que par leur situation au plus profond des grottes,
nous semblent sans valeur utilitaire ; leurs auteurs
étaient des chasseurs : donc elles servaient à des rites
de chasse. Il suffit d'énoncer cette argumentatioin
implicite pour en apprécier l'inconséquence. Du
reste, c'est surtout parmi les non-spécialistes qu'elle
a cours, car les ethnographes, qui ont, eux, l'expérience de ces populations primitives si volontiers
mises « à toutes les sauces » par un cannibalisme
pseudo-scientifique peu respectueux de l'intégrité des
cultures humaines, sont d'accord pour dire que rien,
dans les faits observés, ne permet de formuler une

hypothèse quelconque sur les documents en question. Et puisque nous parlons ici des peintures rupestres, nous soulignerons qu'à l'exception des peintures rupestres sud-africaines (que certains considèrent comme l'œuvre d'indigènes récents), les arts « primitifs » sont aussi éloignés de l'art magdalénien et aurignacien que de l'art européen contemporain. Car ces arts se caractérisent par un très haut degré de stylisation allant jusqu'aux plus extrêmes déformations, tandis que l'art préhistorique offre un saisissant réalisme. On pourrait être tenté de voir dans ce dernier délai l'origine de l'art européen ; mais cela même serait inexact, puisque, sur le même territoire, l'art paléolithique a été suivi par d'autres formes qui n'avaient pas le même caractère ; la continuité de l'emplacement géographique ne change rien au fait que, sur le même sol, se sont succédé des populations différentes, ignorantes ou insouciantes de l'œuvre de leurs devanciers et apportant chacune avec elle des croyances, des techniques et des styles opposés.

Par l'état de ses civilisations, l'Amérique pré-colombienne, à la veille de la découverte, évoque la période néolithique européenne. Mais cette assimilation ne résiste pas davantage à l'examen : en Europe, l'agriculture et la domestication des animaux vont de pair, tandis qu'en Amérique un développement exceptionnellement poussé de la première s'accompagne d'une presque complète ignorance (ou, en tout cas, d'une extrême limitation) de la seconde. En Amérique, l'outillage lithique se perpétue dans

une économie agricole qui, en Europe, est associée
au début de la métallurgie.

Il est inutile de multiplier les exemples. Car les
tentatives faites pour connaître la richesse et l'originalité des cultures humaines, et pour les réduire à
l'état de répliques inégalement arriérées de la civilisation occidentale, se heurtent à une autre difficulté,
qui est beaucoup plus profonde : en gros (et exception faite de l'Amérique, sur laquelle nous allons
revenir), toutes les sociétés humaines ont derrière
elles un passé qui est approximativement du même
ordre de grandeur. Pour traiter certaines sociétés
comme des « étapes » du développement de certaines
autres, il faudrait admettre qu'alors que, pour ces
dernières, il se passait quelque chose, pour celles-là
il ne se passait rien — ou fort peu de choses —. Et en
effet, on parle volontiers des « peuples sans histoire »
(pour dire parfois que ce sont les plus heureux).
Cette formule elliptique signifie seulement que leur
histoire est et restera inconnue, mais non qu'elle
n'existe pas. Pendant des dizaines et même des centaines de millénaires, là-bas aussi, il y a eu des
hommes qui ont aimé, haï, souffert, inventé,
combattu. En vérité, il n'existe pas de peuples
enfants ; tous sont adultes, même ceux qui n'ont
pas tenu le journal de leur enfance et de leur adolescence.

On pourrait sans doute dire que les sociétés
humaines ont inégalement utilisé un temps passé
qui, pour certaines, aurait même été du temps

perdu ; que les unes mettaient les bouchées doubles tandis quel les autres musaient le long du chemin. On en viendrait ainsi à distinguer entre deux sortes d'histoires : une histoire progressive, acquisitive, qui accumule les trouvailles et les inventions pour construire de grandes civilisations, et une autre histoire, peut-être également active et mettant en œuvre autant de talents, mais où manquerait le don synthétique qui est le privilège de la première. Chaque innovation, au lieu de venir s'ajouter à des innovations antérieures et orientées dans le même sens, s'y dissoudrait dans une sorte de flux ondulant qui ne parviendrait jamais à s'écarter durablement de la direction primitive.

Cette conception nous paraît beaucoup plus souple et nuancée que les vues simplistes dont on a fait justice aux paragraphes précédents. Nous pourrons lui conserver une place dans notre essai d'interprétation de la diversité des cultures et cela sans faire injustice à aucune. Mais avant d'en venir là, il faut examiner plusieurs questions.

5

L'IDEE DE PROGRES

Nous devons d'abord considérer les cultures appartenant au second des groupes que nous avons distingués : celles qui ont précédé historiquement la culture — quelle qu'elle soit — au point de vue de laquelle on se place. Leur situation est beaucoup plus compliquée que dans les cas précédemment envisagés. Car l'hypothèse d'une évolution, qui semble si incertaine et si fragile quand on l'utilise pour hiérarchiser des sociétés contemporaines éloignées dans l'espace, paraît ici difficilement contestable, et même directement attestée par les faits. Nous savons, par le témoignage concordant de l'archéologie, de la préhistoire et de la paléontologie, que l'Europe actuelle fut d'abord habitée par des espèces variées du genre *Homo* se servant d'outils de silex grossièrement taillés ; qu'à ces premières cultures en ont succédé d'autres, où la taille de la pierre s'affine, puis s'accompagne du polissage et du travail de l'os et de l'ivoire ; que la potérie, le tissage, l'agriculture, l'élevage font ensuite leur

apparition, associés progressivement à la métallurgie,
dont nous pouvons aussi distinguer les étapes. Ces
formes successives s'ordonnent donc dans le sens
d'une évolution et d'un progrès : les unes sont supé-
rieures et les autres inférieures. Mais, si tout cela
est vrai, comment ces distinctions ne réagiraient-
elles pas inévitablement sur la façon dont nous
traitons des formes contemporaines, mais présentant
entre elles des écarts analogues ? Nos conclusions
antérieures risquent donc d'être remises en cause
par ce nouveau biais.

Les progrès accomplis par l'humanité depuis ses
origines sont si manifestes et si éclatants que toute
tentative pour les discuter se réduirait à un exercice
de rhétorique. Et pourtant, il n'est pas si facile qu'on
le croit de les ordonner en une série régulière et
continue. Il y a quelque cinquante ans, les savants
utilisaient, pour se les représenter, des schémas d'une
admirable simplicité : âge de la pierre taillée, âge
de la pierre polie, âges du cuivre, du bronze, du
fer. Tout cela est trop commode. Nous soupçonnons
aujourd'hui que le polissage et la taille de la pierre
ont parfois existé côte à côte ; quand la seconde
technique éclipse complètement la première, ce n'est
pas comme le résultat d'un progrès technique spon-
tanément jailli de l'étape antérieure, mais comme
une tentative pour copier, en pierre, les armes et
les outils de métal que possédaient des civilisations,
plus « avancées » sans doute, mais en fait contemporaines de leurs imitateurs. Inversement, la poterie,

qu'on croyait solidaire de l' « âge de la pierre polie »,
est associée à la taille de la pierre dans certaines
régions du nord de l'Europe.

Pour ne considérer que la période de la pierre
taillée, dite paléolithique, on pensait, il y a quelques
années encore, que les différentes formes de cette
technique — caractérisant respectivement les industries « à nucléi », les industries « à éclats » et les
industries « à lames » — correspondaient à un
progrès historique en trois étapes qu'on appelait
paléolithique inférieur, paléolithique moyen et paléolithique supérieur. On admet aujourd'hui que ces
trois formes ont coexisté, constituant, non des étapes
d'un progrès à sens unique, mais des aspects ou,
comme on dit, des « faciès » d'une réalité non pas
sans doute statique, mais soumise à des variations
et transformations fort complexes. En fait, le Levalloisien que nous avons déjà cité et dont la floraison
se situe entre le 250ᵉ et le 70ᵉ millénaire avant l'ère
chrétienne atteint une perfection dans la technique
de la taille qui ne devait guère se retrouver qu'à la fin
du néolithique, deux cent quarante-cinq à soixante-
cinq mille ans plus tard, et que nous serions fort en
peine de reproduire aujourd'hui.

Tout ce qui est vrai des cultures l'est aussi sur
le plan des races, sans qu'on puisse établir (en raison des ordres de grandeur différents) aucune corrélation entre les deux processus : en Europe, l'homme
de Néanderthal n'a pas précédé les plus anciennes
formes d'*Homo sapiens* ; celles-ci ont été ses contem-

poraines, peut-être même ses devancières. Et il n'est
pas exclu que les types les plus variables d'homi-
niens aient coexisté dans le temps, sinon dans l'espace : « pygmées » d'Afrique du Sud, « géants »
de Chine et d'Indonésie, etc.

Encore une fois, tout cela ne vise pas à nier la
réalité d'un progrès de l'humanité, mais nous invite
à le concevoir avec plus de prudence. Le développement des connaissances préhistoriques et archéo-
logiques tend à *étaler dans l'espace* des formes de
civilisation que nous étions portés à imaginer comme
échelonnées dans le temps. Cela signifie deux choses :
d'abord que le « progrès » (si ce terme convient
encore pour désigner une réalité très différente de
celle à laquelle on l'avait d'abord appliqué) n'est
ni nécessaire, ni continu ; il procède par sauts, par
bonds, ou, comme diraient les biologistes, par mutations. Ces sauts et ces bonds ne consistent pas à
aller toujours plus loin dans la même direction ;
ils s'accompagnent de changements d'orientation, un
peu à la manière du cavalier des échecs qui a toujours à sa disposition plusieurs progressions mais
jamais dans le même sens. L'humanité en progrès
ne ressemble guère à un personnage gravissant un
escalier, ajoutant par chacun de ses mouvements une
marche nouvelle à toutes celles dont la conquête
lui est acquise ; elle évoque plutôt le joueur dont la
chance est répartie sur plusieurs dés et qui, chaque
fois qu'il les jette, les voit s'éparpiller sur le tapis,
amenant autant de comptes différents. Ce que l'on

gagne sur un, on est toujours exposé à **le perdre** sur l'autre, et c'est seulement de temps à **autre** que l'histoire est cumulative, c'est-à-dire **que** les comptes s'additionnent pour former une combinaison favorable.

Que cette histoire cumulative ne soit pas le privilège d'une civilisation ou d'une période de l'histoire, l'exemple de l'Amérique le montre de manière convaincante. Cet immense continent voit arriver l'homme, sans doute par petits groupes de nomades passant le détroit de Behring à la faveur des dernières glaciations, à une date qui ne saurait être fort antérieure au 20ᵉ millénaire. En vingt ou vingt-cinq mille ans, ces hommes réussissent une des plus étonnantes démonstrations d'histoire cumulative qui soient au monde : explorant de fond en comble les ressources d'un milieu naturel nouveau, y domestiquant (à côté de certaines espèces animales) les espèces végétales les plus variées pour leur nourriture, leurs remèdes et leurs poisons, et — fait inégalé ailleurs — promouvant des substances vénéneuses comme le manioc au rôle d'aliment de base, ou d'autres à celui de stimulant ou d'anesthésique ; collectionnant certains poisons ou stupéfiants en fonction des espèces animales sur lesquelles chacun d'eux exerce une action élective ; poussant enfin certaines industries comme le tissage, la céramique et le travail des métaux précieux au plus haut point de perfection. Pour apprécier cette œuvre immense, il suffit de mesurer la contribution de l'Amérique aux civilisations de l'Ancien Monde. En premier lieu, la pomme de terre, le caoutchouc, le tabac et la coca (base de l'anesthésie moderne) qui, à des titres sans doute divers, constituent quatre piliers de la culture occidentale ; le maïs et l'arachide qui devaient révolutionner l'économie africaine avant peut-être de se généraliser dans le régime alimentaire de l'Europe ; ensuite le cacao, la vanille, la tomate, l'ananas, le piment, plusieurs espèces de haricots, de cotons et de cucurbitacées. Enfin le zéro, base de l'arithmétique et, indirectement, des mathématiques modernes, était connu et utilisé par les Mayas au moins un demi-millénaire avant sa découverte par les savants indiens de qui l'Europe l'a reçu par l'intermédiaire des Arabes. Pour cette raison peut-être leur calendrier était, à époque égale, plus exact que celui de l'Ancien Monde. La question de savoir si le régime politique des Incas était socialiste ou totalitaire a déjà fait couler beaucoup d'encre. Il relevait de toute façon des formules les plus modernes et était en avance de plusieurs siècles sur les phénomènes européens du même type. L'attention renouvelée dont le curare a fait récemment l'objet rappellerait, s'il en était besoin, que les connaissances scientifiques des indigènes américains, qui s'appliquent à tant de substances végétales inemployées dans le reste du monde, peuvent encore fournir à celui-ci d'importantes contributions.

6

HISTOIRE STATIONNAIRE
ET HISTOIRE CUMULATIVE

La discussion de l'exemple américain qui précède
doit nous inviter à pousser plus avant notre réflexion
sur la différence entre « histoire stationnaire » et
« histoire cumulative ». Si nous avons accordé à
l'Amérique le privilège de l'histoire cumulative,
n'est-ce pas, en effet, seulement parce que nous lui
reconnaissons la paternité d'un certain nombre de
contributions que nous lui avons empruntées ou qui
ressemblent aux nôtres ? Mais quelle serait notre
position, en présence d'une civilisation qui se serait
attachée à développer des valeurs propres, dont
aucune ne serait susceptible d'intéresser la civilisation de l'observateur ? Celui-ci ne serait-il pas porté
à qualifier cette civilisation de stationnaire ? En
d'autres termes la distinction entre les deux formes
d'histoire dépend-elle de la nature intrinsèque des
cultures auxquelles on l'applique, ou ne résulte-t-elle
pas de la perspective ethnocentrique dans laquelle
nous nous plaçons toujours pour évaluer une culture

différente ? Nous considérerions ainsi comme cumulative toute culture qui se développerait dans un sens
analogue au nôtre, c'est-à-dire dont le développement serait doté pour nous de *signification*. Tandis
que les autres cultures nous apparaîtraient comme
stationnaires, non pas nécessairement parce qu'elles
le sont, mais parce que leur ligne de développement
ne signifie rien pour nous, n'est pas mesurable
dans les termes du système de référence que nous
utilisons.

Que tel est bien le cas, cela résulte d'un examen,
même sommaire, des conditions dans lesquelles nous
appliquons la distinction entre les deux histoires,
non pas pour caractériser des sociétés différentes de
la nôtre, mais à l'intérieur même de celle-ci. Cette
application est plus fréquente qu'on ne croit. Les
personnes âgées considèrent généralement comme
stationnaire l'histoire qui s'écoule pendant leur vieil-
lesse en opposition avec l'histoire cumulative dont
leurs jeunes ans ont été témoins. Une époque dans
laquelle elles ne sont plus activement engagées, où
elles ne jouent plus de rôle, n'a plus de sens : il ne
s'y passe rien, ou ce qui s'y passe n'offre à leurs
yeux que des caractères négatifs : tandis que leurs
petits-enfants vivent cette période avec toute la fer-
veur qu'ont oubliée leurs aînés. Les adversaires d'un
régime politique ne reconnaissent pas volontiers
que celui-ci évolue ; ils le condamnent en bloc, le
rejettent hors de l'histoire, comme une sorte de
monstrueux entracte à la fin duquel seulement la vie

reprendra. Tout autre est la conception des partisans, et d'autant plus, remarquons-le, qu'ils participent étroitement, et à un rang élevé, au fonctionnement de l'appareil. L'historicité, ou, pour parler exactement, l'*événementialité* d'une culture ou d'un processus culturels sont ainsi fonction, non de leurs propriétés intrinsèques, mais de la situation où nous nous trouvons par rapport à eux, du nombre et de la diversité de nos intérêts qui sont gagés sur eux.

L'opposition entre cultures progressives et cultures inertes semblent ainsi résulter, d'abord, d'une différance de localisation. Pour l'observateur au microscope, qui s'est « mis au point » sur une certaine distance mesurée à partir de l'objectif, les corps placés en deçà ou au-delà, l'écart serait-il de quelques centièmes de millimètres seulement, apparaissent confus et brouillés, ou même n'apparaissent pas du tout : on voit au travers. Une autre comparaison permettra de déceler la même illusion. C'est celle qu'on emploie pour expliquer les premiers rudiments de la théorie de la relativité. Afin de montrer que la dimension et la vitesse de déplacement des corps ne sont pas des valeurs absolues, mais des fonctions de la position de l'observateur, on rappelle que, pour un voyageur assis à la fenêtre d'un train, la vitesse et la longueur des autres trains varient selon que ceux-ci se déplacent dans le même sens ou dans un sens opposé. Or tout membre d'une culture en est aussi étroitement solidaire que ce voyageur idéal l'est de son train. Car, dès notre naissance, l'entou-

rage fait pénétrer en nous, par mille démarches
conscientes et inconscientes, un système complexe
de référence consistant en jugements de valeur,
motivations, centres d'intérêt, y compris la vue
réflexive que l'éducation nous impose du devenir
historique de notre civilisation, sans laquelle celle-ci
deviendrait impensable, ou apparaîtrait en contradiction avec les conduites réelles. Nous nous dépla-
çons littéralement avec ce système de références,
et les réalités culturelles du dehors ne sont obser-
vables qu'à travers les déformations qu'il leur
impose, quand il ne va pas jusqu'à nous mettre dans
l'impossibilité d'en apercevoir quoi que ce soit.

Dans une très large mesure, la distinction entre
les « cultures qui bougent » et les « cultures qui
ne bougent pas » s'explique par la même différence
de position qui fait que, pour notre voyageur, un
train en mouvement bouge ou ne bouge pas. Avec,
il est vrai, une différence dont l'importance apparaîtra pleinement le jour — dont nous pouvons déjà
entrevoir la lointaine venue — où l'on cherchera à
formuler une théorie de la relativité généralisée dans
un autre sens que celui d'Einstein, nous voulons dire
s'appliquant à la fois aux sciences physiques et aux
sciences sociales : dans les unes et les autres, tout
semble se passer de façon symétrique mais inverse.
A l'observateur du monde physique (comme le
montre l'exemple du voyageur), ce sont les systèmes
évoluant dans le même sens que le sien qui paraissent immobiles, tandis que les plus rapides sont

ceux qui évoluent dans des sens différents. C'est le
contraire pour les cultures, puisqu'elles nous paraissent d'autant plus actives qu'elles se déplacent dans
le sens de la nôtre, et stationnaires quand leur
orientation diverge. Mais, dans le cas des sciences
de l'homme, le facteur *vitesse* n'a qu'une valeur
métaphorique. Pour rendre la comparaison valable,
on doit le remplacer par celui d'*information* et de
signification. Or nous savons qu'il est possible d'accumuler beaucoup plus d'informations sur· un train
qui se meut parallèlement au nôtre et à une vitesse
voisine (ainsi, examiner la tête des voyageurs, les
compter, etc.) que sur un train qui nous dépasse ou
que nous dépassons à très grande vitesse, ou qui
nous paraît d'autant plus court qu'il circule dans
une autre direction. A la limite, il passe si vite que
nous n'en gardons qu'une impression confuse d'où
les signes même de vitesse sont absents ; il se réduit
à un brouillage momentané du champ visuel : ce
n'est plus un train, il ne *signifie* plus rien. Il y a donc,
semble-t-il, une relation entre la notion physique
de *mouvement apparent* et une autre notion qui, elle,
relève également de la physique, de la psychologie
et de la sociologie : celle de *quantité d'information*
susceptible de « passer » entre deux individus ou
groupes, en fonction de la plus ou moins grande
diversité de leurs cultures respectives.

Chaque fois que nous sommes portés à qualifier
une culture humaine d'inerte ou de stationnaire, nous
devons donc nous demander si cet immobilisme

apparent ne résulte pas de l'ignorance où nous sommes de ses intérêts véritables, conscients ou inconscients, et si, ayant des critères différents des nôtres,
cette culture n'est pas, à notre égard, victime de la
même illusion. Autrement dit, nous nous apparaî-
trions l'un à l'autre comme dépourvus d'intérêt, tout
simplement parce que nous ne nous ressemblons pas.

La civilisation occidentale s'est entièrement tour-
née, depuis deux ou trois siècles, vers la mise à la
disposition de l'homme de moyens mécaniques de
plus en plus puissants. Si l'on adopte ce critère,
on fera de la quantité d'énergie disponible par tête
d'habitant l'expression du plus ou moins haut degré
de développement des sociétés humaines. La civilisation occidentale, sous sa forme nord-américaine,
occupera la place de tête, les sociétés européennes
venant ensuite, avec, à la traîne, une masse de
sociétés asiatiques et africaines qui deviendront vite
indistinctes. Or ces centaines ou même ces milliers
de sociétés qu'on appelle « insuffisamment dévelop-
pées » et « primitives », qui se fondent dans un
ensemble confus quand on les envisage sous le
rapport que nous venons de citer (et qui n'est guère
propre à les qualifier, puisque cette ligne de développement leur manque ou occupe chez elles une
place très secondaire), elles se placent aux antipodes
les unes des autres ; selon le point de vue choisi,
on aboutirait donc à des classements différents.

Si le critère retenu avait été le degré d'aptitude
à triompher des milieux géographiques les plus

hostiles, il n'y a guère de doute que les Eskimos d'une part, les Bédouins de l'autre, emporteraient la palme. L'Inde a su, mieux qu'aucune autre civilisation, élaborer un système philosophico-religieux, et la Chine, un genre de vie, capables de réduire les conséquences psychologiques d'un déséquilibre démographique. Il y a déjà treize siècles, l'Islam a formulé une théorie de la solidarité de toutes les formes de la vie humaine : technique, économique, sociale, spirituelle, que l'Occident ne devait retrouver que tout récemment, avec certains aspects de la pensée marxiste et la naissance de l'ethnologie moderne. On sait quelle place prééminente cette vision prophétique a permis aux Arabes d'occuper dans la vie intellectuelle du moyen âge. L'Occident, maître des machines, témoigne de connaissances très élémentaires sur l'utilisation et les ressources de cette suprême machine qu'est le corps humain. Dans ce domaine au contraire, comme dans celui, connexe, des rapports entre le physique et le moral, l'Orient et l'Extrême-Orient possèdent sur lui une avance de plusieurs millénaires ; ils ont produit ces vastes sommes théoriques et pratiques que sont le yoga de l'Inde, les techniques du souffle chinoises ou la gymnastique viscérale des anciens Maoris. L'agriculture sans terre, depuis peu à l'ordre du jour, a été pratiquée pendant plusieurs siècles par certains peuples polynésiens qui eussent pu aussi enseigner au monde l'art de la navigation, et qui l'ont profondément bouleversé, au XVIIIe siècle, en lui révélant un type de

vie sociale et morale plus libre et plus généreuse que
tout ce que l'on soupçonnait.

Pour tout ce qui touche à l'organisation de la
famille et à l'harmonisation des rapports entre
groupe familial et groupe social, les Australiens,
arriérés sur le plan économique, occupent une place
si avancée par rapport au reste de l'humanité qu'il
est nécessaire, pour comprendre les systèmes de
règles élaborés par eux de façon consciente et réflé-
chie, de faire appel aux formes les plus raffinées
des mathématiques modernes. Ce sont eux qui ont
vraiment découvert que les liens du mariage forment
le canevas sur lequel les autres institutions sociales
ne sont que des broderies ; car, même dans les
sociétés modernes où le rôle de la famille tend à se
restreindre, l'intensité des liens de famille n'est pas
moins grande : elle s'amortit seulement dans un
cercle plus étroit aux limites duquel d'autres liens,
intéressant d'autres familles, viennent aussitôt la
relayer. L'articulation des familles au moyen des
intermariages peut conduire à la formation de larges
charnières qui maintiennent tout l'édifice social et
qui lui donnent sa souplesse. Avec une admirable
lucidité, les Australiens ont fait la théorie de ce
mécanisme et inventorié les principales méthodes
permettant de le réaliser, avec les avantages et les
inconvénients qui s'attachent à chacune. Ils ont ainsi
dépassé le plan de l'observation empirique pour
s'élever à la connaissance des lois mathématiques qui
régissent le système. Si bien qu'il n'est nullement

exagéré de saluer en eux, non seulement les fondateurs de toute sociologie générale, mais encore les véritables introducteurs de la mesure dans les sciences sociales.

La richesse et l'audace de l'invention esthétique des Mélanésiens, leur talent pour intégrer dans la vie sociale les produits les plus obscurs de l'activité inconsciente de l'esprit, constituent un des plus hauts sommets que les hommes aient atteint dans ces directions. La contribution de l'Afrique est plus complexe, mais aussi plus obscure, car c'est seulement à une date récente qu'on a commencé à soupçonner l'importance de son rôle comme *melting pot* culturel de l'Ancien Monde : lieu où toutes les influences sont venues se fondre pour repartir ou se tenir en réserve, mais toujours transformées dans des sens nouveaux. La civilisation égyptienne, dont on connaît l'importance pour l'humanité, n'est intelligible que comme un ouvrage commun de l'Asie et de l'Afrique et les grands systèmes politiques de l'Afrique ancienne, ses constructions juridiques, ses doctrines philosophiques longtemps cachées aux Occidentaux, ses arts plastiques et sa musique, qui explorent méthodiquement toutes les possibilités offertes par chaque moyen d'expression, sont autant d'indices d'un passé extraordinairement fertile. Celui-ci est, d'ailleurs, directement attesté par la perfection des anciennes techniques du bronze et de l'ivoire, qui dépassent de loin tout ce que l'Occident pratiquait dans ces domaines à la même époque.

Nous avons déjà évoqué la contribution américaine, et il est inutile d'y revenir ici.

D'ailleurs, ce ne sont pas tellement ces apports morcelés qui doivent retenir l'attention, car ils risqueraient de nous donner l'idée, doublement fausse, d'une civilisation mondiale composée comme un habit d'Arlequin. On a trop fait état de toutes les propriétés : phénicienne pour l'écriture ; chinoise pour le papier, la poudre à canon, la boussole ; indienne pour le verre et l'acier... Ces éléments sont moins importants que la façon dont chaque culture les groupe, les retient ou les exclut. Et ce qui fait l'originalité de chacune d'elles réside plutôt dans sa façon particulière de résoudre des problèmes, de mettre en perspective des valeurs, qui sont approximativement les mêmes pour tous les hommes : car tous les hommes sans exception possèdent un langage, des techniques, un art, des connaissances de type scientifique, des croyances religieuses, une organisation sociale, économique et politique. Or ce dosage n'est jamais exactement le même pour chaque culture, et de plus en plus l'ethnologie moderne s'attache à déceler les origines secrètes de ces options plutôt qu'à dresser un inventaire de traits séparés.

7

PLACE DE LA CIVILISATION
OCCIDENTALE

Peut-être formulera-t-on des objections contre une telle argumentation à cause de son caractère théorique. Il est possible, dira-t-on, sur le plan d'une logique abstraite, que chaque culture soit incapable de porter un jugement vrai sur une autre puisqu'une culture ne peut s'évader d'elle-même et que son appréciation reste, par conséquent, prisonnière d'un relativisme sans appel. Mais regardez autour de vous ; soyez attentif à ce qui se passe dans le monde depuis un siècle, et toutes vos spéculations s'effondreront. Loin de rester enfermées en elles-mêmes, toutes les civilisations reconnaissent, l'une après l'autre, la supériorité de l'une d'entre elles, qui est la civilisation occidentale. Ne voyons-nous pas le monde entier lui emprunter progressivement ses techniques, son genre de vie, ses distractions et jusqu'à ses vêtements ? Comme Diogène prouvait le mouvement en marchant, c'est la marche même des cultures humaines qui, depuis les vastes masses de l'Asie jusqu'aux tribus perdues dans la jungle brésilienne ou africaine, prouve, par une adhésion unanime sans précédent dans l'histoire, qu'une des formes de la civilisation humaine est supérieure à toutes les autres : ce que les pays « insuffisamment développés » reprochent aux autres dans les assemblées internationales n'est pas de les occidentaliser, mais de ne pas leur donner assez vite les moyens de s'occidentaliser.

Nous touchons là au point le plus sensible de notre débat ; il ne servirait à rien de vouloir défendre l'originalité des cultures humaines contre elles-mêmes. De plus, il est extrêmement difficile à l'ethnologue d'apporter une juste estimation d'un phénomène comme l'universalisation de la civilisation occidentale, et cela pour plusieurs raisons. D'abord l'existence d'une civilisation mondiale est un fait probablement unique dans l'histoire, ou dont les précédents seraient à chercher dans une préhistoire lointaine, sur laquelle nous ne savons à peu près rien. Ensuite, une grande incertitude règne sur la consistance du phénomène en question. Il est de fait que, depuis un siècle et demi, la civilisation occidentale tend, soit en totalité, soit par certains de ses éléments clefs comme l'industrialisation, à se répandre dans le monde ; et que, dans la mesure où les autres cultures cherchent à préserver quelque chose de leur héritage traditionnel, cette tentative se réduit géné-ralement aux superstructures, c'est-à-dire aux aspects les plus fragiles et dont on peut supposer qu'ils seront balayés par les transformations profondes qui s'accomplissent. Mais le phénomène est en cours, nous n'en connaissons pas encore le résultat. S'achèvera-t-il par une occidentalisation intégrale de la planète avec des variantes, russe ou américaine ? Des formes syncrétiques apparaîtront-elles, comme on en aperçoit la possibilité pour le monde islamique, l'Inde et la Chine ? Ou bien le mouvement de flux touche-t-il déjà à son terme et va-t-il se résorber, le monde occidental étant près de succomber, comme ces monstres préhistoriques, à une expansion physique incompatible avec les mécanismes internes qui assurent son existence ? C'est en tenant compte de toutes ces réserves que nous tâcherons d'évaluer le processus qui se déroule sous nos yeux et dont nous sommes consciemment ou inconsciemment, les agents, les auxiliaires ou les victimes.

On commencera par remarquer que cette adhésion au genre de vie occidental, ou à certains de ses aspecs, est loin d'être aussi spontanée que les Occidentaux aimeraient le croire. Elle résulte moins d'une décision libre que d'une absence de choix. La civilisation occidentale a établi ses soldats, ses comptoirs, ses plantations et ses missionnaires dans le monde entier ; elle est, directement ou indirectement, intervenue dans la vie des populations de couleur ; elle a bouleversé de fond en comble leur mode traditionnel d'existence, soit en imposant le sien, soit en instaurant des conditions qui engendraient l'effondrement des cadres existants sans les remplacer par autre chose. Les peuples subjugués ou désorganisés ne

pouvaient donc qu'accepter les solutions de rem-
placement qu'on leur offrait, ou, s'ils n'y étaient pas
disposés, espérer s'en rapprocher suffisamment pour
être en mesure de les combattre sur le même terrain.
En l'absence de cette inégalité dans le rapport des
forces, les sociétés ne se livrent pas avec une telle
facilité ; leur *Weltanschauung* se rapproche plutôt
de celle de ces pauvres tribus du Brésil oriental,
où l'ethnographe Curt Nimuendaju avait su se faire
adopter, et dont les indigènes, chaque fois qu'il
revenait parmi eux après un séjour dans les centres
civilisés, sanglotaient de pitié à la pensée des souffrances qu'il devait avoir subies, loin du seul endroit
— leur village — où ils jugeaient que la vie valût
la peine d'être vécue.

Toutefois, en formulant cette réserve, nous n'avons
fait que déplacer la question. Si ce n'est pas le
consentement qui fonde la supériorité occidentale,
n'est-ce pas alors cette plus grande énergie dont elle
dispose et qui lui a précisément permis de forcer
le consentement ? Nous atteignons ici le roc. Car
cette inégalité de force ne relève plus de la subjectivité collective, comme les faits d'adhésion que nous
évoquions tout à l'heure. C'est un phénomène objectif que seul l'appel à des causes objectives peut
expliquer.

Il ne s'agit pas d'entreprendre ici une étude de
philosophie des civilisations ; on peut discuter
pendant des volumes sur la nature des valeurs
professées par la civilisation occidentale. Nous ne

relèverons que les plus manifestes, celles qui sont les moins sujettes à la controverse. Elles se ramènent, semble-t-il, à deux : la civilisation occidentale cherche d'une part, selon l'expression de M. Leslie White, à accroître continuellement la quantité d'énergie disponible par tête d'habitant ; d'autre part à protéger et à prolonger la vie humaine, et si l'on veut être bref on considérera que le second aspect est une modalité du premier puisque la quantité d'énergie disponible s'accroît, en valeur absolue, avec la durée et l'intérêt de l'existence individuelle. Pour écarter toute discussion, on admettra aussi d'emblée que ces caractères peuvent s'accompagner de phénomènes compensateurs servant, en quelque sorte, de frein : ainsi, les grands massacres que constituent les guerres mondiales, et l'inégalité qui préside à la répartition de l'énergie disponible entre les individus et entre les classes.

Cela posé, on constate aussitôt que si la civilisation occidentale s'est, en effet, adonnée à ces tâches avec un exclusivisme où réside peut-être sa faiblesse, elle n'est certainement pas la seule. Toutes les sociétés humaines, depuis les temps les plus reculés, ont agi dans le même sens ; et ce sont des sociétés très lointaines et très archaïques, que nous égalerions volontiers aux peuples « sauvages » d'aujourd'hui, qui ont accompli, dans ce domaine, les progrès les plus décisifs. A l'heure actuelle, ceux-ci constituent toujours la majeure partie de ce que nous nommons civilisation. Nous dépendons encore des immenses

découvertes qui ont marqué ce qu'on appelle, sans
exagération aucune, la révolution néolithique :
l'agriculture, l'élevage, la poterie, le tissage... A tous
ces « arts de la civilisation », nous n'avons, depuis
huit mille ou dix mille ans, apporté que des perfec-
tionnements.

Il est vrai que certains esprits ont une fâcheuse
tendance à réserver le privilège de l'effort, de l'intel-
ligence et de l'imagination aux découvertes récentes,
tandis que celles qui ont été accomplies par l'humanité dans sa période « barbare » seraient le fait du
hasard, et qu'elle n'y aurait, somme toute, que peu
de mérite. Cette aberration nous paraît si grave et
si répandue, et elle est si profondément de nature à
empêcher de prendre une vue exacte du rapport
entre les cultures que nous croyons indispensable de
la dissiper complètement.

8

HASARD ET CIVILISATION

On lit dans des traités d'ethnologie — et non des moindres — que l'homme doit la connaissance du feu au hasard de la foudre ou d'un incendie de brousse ; que la trouvaille d'un gibier accidentellement rôti dans ces conditions lui a révélé la cuisson des aliments ; que l'invention de la poterie résulte de l'oubli d'une boulette d'argile au voisinage d'un foyer. On dirait que l'homme aurait d'abord vécu dans une sorte d'âge d'or technologique, où les inventions se cueillaient avec la même facilité que les fruits et les fleurs. A l'homme moderne seraient réservées les fatigues du labeur et les illuminations du génie.

Cette vue naïve résulte d'une totale ignorance de la complexité et de la diversité des opérations impliquées dans les techniques les plus élémentaires. Pour fabriquer un outil de pierre taillée efficace, il ne suffit pas de frapper sur un caillou jusqu'à ce qu'il éclate : on s'en est bien aperçu le jour où l'on a essayé de reproduire les principaux types d'outils

préhistoriques. Alors — et aussi en observant la
même technique chez les indigènes qui la possèdent
encore — on a découvert la complication des
procédés indispensables et qui vont, quelquefois,
jusqu'à la fabrication préliminaire de véritables
« appareils à tailler » : marteaux à contrepoids pour
contrôler l'impact et sa direction ; dispositifs amor-
tisseurs pour éviter que la vibration ne rompe l'éclat.
Il faut aussi un vaste ensemble de notions sur
l'origine locale, les procédés d'extraction, la résis-
tance et la structure des matériaux utilisés, un
entraînement musculaire approprié, la connaissance
des « tours de main », etc. ; en un mot, une véritable
« liturgie » correspondant *mutatis mutandis,* aux
divers chapitres de la métallurgie.

De même, des incendies naturels peuvent parfois
griller ou rôtir ; mais il est très difficilement concevable (hors le cas des phénomènes volcaniques dont
la distribution géographique est restreinte) qu'ils fas-
sent bouillir ou cuire à la vapeur. Or ces méthodes de
cuisson ne sont pas moins universelles que les autres.
Donc on n'a pas de raison d'exclure l'acte inventif,
qui a certainement été requis pour les dernières
méthodes, quand on veut expliquer les premières.

La poterie offre un excellent exemple parce qu'une
croyance très répandue veut qu'il n'y ait rien de
plus simple que de creuser une motte d'argile et la
durcir au feu. Qu'on essaye. Il faut d'abord découvrir des argiles propres à la cuisson ; or, si un
grand nombre de conditions naturelles sont néces-

saires à cet effet, aucune n'est suffisante, car aucune
argile non mêlée à un corps inerte, choisi en fonction de ses caractéristiques particulières, ne donne-
rait après cuisson un récipient utilisable. Il faut
élaborer les techniques du modelage qui permettent
de réaliser ce tour de force de maintenir en équilibre
pendant un temps appréciable, et de modifier en
même temps, un corps plastique qui ne « tient »
pas ; il faut enfin découvrir le combustible particulier, la forme du foyer, le type de chaleur et la
durée de la cuisson, qui permettront de le rendre
solide et imperméable, à travers tous les écueils des
craquements, effritements et déformations. On pourrait multiplier les exemples.

Toutes ces opérations sont beaucoup trop nom-
breuses et trop complexes pour que le hasard puisse
en rendre compte. Chacune d'elles, prise isolément,
ne signifie rien, et c'est leur combinaison imaginée,
voulue, cherchée et expérimentée qui seule permet
la réussite. Le hasard existe sans doute, mais ne
donne par lui-même aucun résultat. Pendant deux
mille cinq cents ans environ, le monde occidental a
connu l'existence de l'électricité — découverte sans
doute par hasard — mais ce hasard devait rester
stérile jusqu'aux efforts intentionnels et dirigés par
des hypothèses des Ampère et des Faraday. Le
hasard n'a pas joué un plus grand rôle dans l'invention de l'arc, du boomerang ou de la sarbacane,
dans la naissance de l'agriculture et de l'élevage,
que dans la découverte de la pénicilline — dont on

sait, au reste, qu'il n'a pas été absent. On doit
donc distinguer avec soin la transmission d'une technique d'une génération à une autre, qui se fait toujours avec une aisance relative grâce à l'observation
et à l'entraînement quotidien, et la création ou
l'amélioration des techniques au sein de chaque
génération. Celles-ci supposent toujours la même
puissance imaginative et les mêmes efforts acharnés
de la part de certains individus, quelle que soit la
technique particulière qu'on ait en vue. Les sociétés
que nous appelons primitives ne sont pas moins
riches en Pasteur et en Palissy que les autres.

Nous retrouverons tout à l'heure le hasard et la
probabilité, mais à une autre place et avec un autre
rôle. Nous ne les utiliserons pas pour expliquer
paresseusement la naissance d'inventions toutes
faites, mais pour interpréter un phénomène qui se
situe à un autre niveau de réalité : à savoir que,
malgré une dose d'imagination, d'invention, d'effort
créateur dont nous avons tout lieu de supposer qu'elle
reste à peu près constante à travers l'histoire de
l'humanité, cette combinaison ne détermine des
mutations culturelles importantes qu'à certaines
périodes et en certains lieux. Car, pour aboutir à ce
résultat, les facteurs purement psychologiques ne
suffisent pas : ils doivent d'abord se trouver présents,
avec une orientation similaire. chez un nombre suf-
fisant d'individus pour que le créateur soit aussitôt assuré d'un public ; et cette condition dépend
elle-même de la réunion d'un nombre considérable

d'autres facteurs, de nature historique, économique
et sociologique. On en arriverait donc, pour expliquer les différences dans le cours des civilisations, à
invoquer des ensembles de causes si complexes et
si discontinus qu'ils seraient inconnaissables, soit
pour des raisons pratiques, soit même pour des raisons théoriques telles que l'apparition, impossible
à éviter, de perturbations liées aux techniques d'observation. En effet, pour débrouiller un écheveau
formé de fils aussi nombreux et ténus, il ne faudrait
pas faire moins que soumettre la société considérée
(et aussi le monde qui l'entoure) à une étude ethnographique globale et de tous les instants. Même sans
évoquer l'énormité de l'entreprise, on sait que les
ethnographes, qui travaillent pourtant à une échelle
infiniment plus réduite, sont souvent limités dans
leurs observations par les changements subtils que
leur seule présence suffit à introduire dans le groupe
humain objet de leur étude. Au niveau des sociétés
modernes, on sait aussi que les *polls* d'opinion publique, un des moyens les plus efficaces de sondage,
modifient l'orientation de cette opinion du fait même
de leur emploi, qui met en jeu dans la population
un facteur de réflexion sur soi jusqu'alors absent.

Cette situation justifie l'introduction dans les
sciences sociales de la notion de probabilité, présente
depuis longtemps déjà dans certaines branches de la
physique, dans la thermodynamique par exemple.
Nous y reviendrons ; pour le moment, il suffira de
se rappeler que la complexité des découvertes moder-

nes ne résulte pas d'une plus grande fréquence ou
d'une meilleure disponibilité du génie chez nos
contemporains. Bien au contraire, puisque nous avons
reconnu qu'à travers les siècles chaque génération,
pour progresser, n'aurait besoin que d'ajouter une
épargne constante au capital légué par les généra-
tions antérieures. Les neuf dixièmes de notre richesse
leur sont dus ; et même davantage, si, comme on
s'est amusé à le faire, on évalue la date d'apparition
des principales découvertes par rapport à celle,
approximative, du début de la civilisation. On constate alors que l'agriculture naît au cours d'une phase
récente correspondant à 2 % de cette durée ; la
métallurgie à 0,7 %, l'alphabet à 0,35 %, la physique galiléenne à 0,035 % et le darwinisme à
0,009 % [1]. La révolution scientifique et industrielle
de l'Occident s'inscrit toute entière dans une période
égale à un demi-millième environ de la vie écoulée
de l'humanité. On peut donc se montrer prudent
avant d'affirmer qu'elle est destinée à en changer
totalement la signification.

Il n'en est pas moins vrai — et c'est l'expression
définitive que nous croyons pouvoir donner à notre
problème — que, sous le rapport des inventions
techniques (et de la réflexion scientifique qui les
rend possibles), la civilisation occidentale s'est mon-
trée plus cumulative que les autres ; qu'après avoir
disposé du même capital néolithique initial, elle a su

1. Leslie A. WHITE, *The science of culture*, New York,
1949, p. 196.

apporter des améliorations (écriture alphabétique, arithmétique et géométrie) dont elle a d'ailleurs rapidement oublié certaines ; mais qu'après une stagnation qui, en gros, s'étale sur deux mille ou deux mille cinq cents ans (du 1ᵉʳ millénaire avant l'ère chrétienne jusqu'au xviiiᵉ siècle environ), elle s'est soudainement révélée comme le foyer d'une révolution industrielle dont, par son ampleur, son universalité et l'importance de ses conséquences, la révolution néolithique seule avait offert jadis un équivalent.

Deux fois dans son histoire, par conséquent, et à environ deux mille ans d'intervalle, l'humanité a su accumuler une multiplicité d'inventions orientées dans le même sens ; et ce nombre, d'une part, cette continuité, de l'autre, se sont concentrés dans un laps de temps suffisamment court pour que des hautes synthèses techniques s'opèrent ; synthèses qui ont entraîné des changements significatifs dans les rapports que l'homme entretient avec la nature et qui ont, à leur tour, rendu possibles d'autres changements. L'image d'une réaction en chaîne, déclenchée par des corps catalyseurs, permet d'illustrer ce processus qui s'est, jusqu'à présent, répété deux fois et deux fois seulement, dans l'histoire de l'humanité. Comment cela s'est-il produit ?

D'abord il ne faut pas oublier que d'autres révolutions, présentant les mêmes caractères cumulatifs, ont pu se dérouler ailleurs et à d'autres moments, mais dans les domaines différents de l'activité humaine. Nous avons expliqué plus haut pourquoi

notre propre révolution industrielle avec la révolution néolithique (qui l'a précédée dans le temps,
mais relève des mêmes préoccupations) sont les
seules qui peuvent nous apparaître telles, parce que
notre système de référence permet de les mesurer.
Tous les autres changements, qui se sont certainement produits, ne se révèlent que sous forme de frag-
ments, ou profondément déformés. Ils ne peuvent pas
prendre un sens pour l'homme occidental moderne
(en tout cas, pas tout leur sens) ; ils peuvent même
être pour lui comme s'ils n'existaient pas.

En second lieu, l'exemple de la révolution néolithique (la seule que l'homme occidental moderne
parvienne à se représenter assez clairement) doit
lui inspirer quelque modestie quant à la prééminence
qu'il pourrait être tenté de revendiquer au profit
d'une race, d'une région ou d'un pays. La révolution
industrielle est née en Europe occidentale ; puis elle
est apparue aux Etats-Unis, ensuite au Japon ; depuis
1917 elle s'accélère en Union Soviétique, demain
sans doute elle surgira ailleurs ; d'un demi-siècle à
l'autre, elle brille d'un feu plus ou moins vif dans
tel ou tel de ses centres. Que deviennent, à l'échelle
des millénaires, les questions de priorité, dont nous
tirons tant de vanité ?

A mille ou deux mille ans près, la révolution néolithique s'est déclenchée simultanément dans le bas-
sin égéen, l'Egypte, le Proche-Orient, la vallée de
l'Indus et la Chine ; et depuis l'emploi du carbone
radio-actif pour la détermination des périodes archéo-

logiques, nous soupçonnons que le néolithique américain, plus ancien qu'on ne le croyait jadis, n'a pas dû débuter beaucoup plus tard que dans l'Ancien Monde. Il est probable que trois ou quatre petites vallées pourraient, dans ce concours, réclamer une priorité de quelques siècles. Qu'en savons-nous aujourd'hui ? Par contre, nous sommes certains que la question de priorité n'a pas d'importance, précisément parce que la simultanéité d'apparition des mêmes bouleversements technologiques (suivis de près par des bouleversements sociaux), sur des territoires aussi vastes et dans des régions aussi écartées, montre bien qu'elle n'a pas dépendu du génie d'une race ou d'une culture, mais de conditions si générales qu'elles se situent en dehors de la conscience des hommes. Soyons donc assurés que, si la révolution industrielle n'était pas apparue d'abord en Europe occidentale et septentrionale, elle se serait manifestée un jour sur un autre point du globe. Et si, comme il est vraisemblable, elle doit s'étendre à l'ensemble de la terre habitée, chaque culture y introduira tant de contributions particulières que l'historien des futurs millénaires considérera légitimement comme futile la question de savoir qui peut, d'un ou de deux siècles, réclamer la priorité pour l'ensemble.

Cela posé, il nous faut introduire une nouvelle limitation, sinon à la validité, tout au moins à la rigueur de la distinction entre histoire stationnaire et histoire cumulative. Non seulement cette distinction est relative à nos intérêts, comme nous l'avons

déjà montré, mais elle ne réussit jamais à être nette.
Dans le cas des inventions techniques, il est bien
certain qu'aucune période, aucune culture, n'est
absolument stationnaire. Tous les peuples possèdent
et transforment, améliorent ou oublient des techniques suffisamment complexes pour leur permettre
de dominer leur milieu. Sans quoi ils auraient dis-
paru depuis longtemps. La différence n'est donc
jamais entre histoire cumulative et histoire non cumulative ; toute histoire est cumulative, avec des différences de degrés. On sait, par exemple, que les
anciens Chinois, les Eskimos avaient poussé très loin
les arts mécaniques; et il s'en est fallu de fort peu
qu'ils n'arrivent au point où la « réaction en chaîne »
se déclenche, déterminant le passage d'un type de
civilisation à un autre. On connaît l'exemple de la
poudre à canon : les Chinois avaient résolu, techni-
quement parlant, tous les problèmes qu'elle posait,
sauf celui de son utilisation en vue de résultats mas-
sifs. Les anciens Mexicains n'ignoraient pas la roue,
comme on le dit souvent ; ils la connaissent fort bien,
pour fabriquer des animaux à roulettes destinés aux
enfants ; il leur eût suffi d'une démarche supplémen-
taire pour posséder le chariot.

Dans ces conditions, le problème de la rareté
relative (pour chaque système de référence) de cultures « plus cumulatives » par rapport aux cultures
« moins cumulatives » se réduit à un problème connu
qui relève du calcul des probabilités. C'est le même
problème qui consiste à déterminer la probabilité

relative d'une combinaison complexe par rapport à
d'autres combinaisons du même type, mais de
complexité moindre. A la roulette, par exemple, une
suite de deux numéros consécutifs (7 et 8, 12 et 13,
30 et 31, par exemple) est assez fréquente ; une de
trois numéros est déjà rare, une de quatre l'est
beaucoup plus. Et c'est une fois seulement sur un
nombre extrêmement élevé de lancers que se réali-
sera peut-être une série de six, sept ou huit numéros
conforme à l'ordre naturel des nombres. Si notre
attention est exclusivement fixée sur des séries longues (par exemple, si nous parions sur les séries de
cinq numéros consécutifs), les séries les plus courtes
deviendront pour nous équivalentes à des séries non
ordonnées. C'est oublier qu'elles ne se distinguent des
nôtres que par la valeur d'une fraction, et qu'envisagées sous un autre angle elles présentent peut-être
d'aussi grandes régularités. Poussons encore plus loin
notre comparaison. Un joueur, qui transférerait tous
ses gains sur des séries de plus en plus longues,
pourrait se décourager, après des milliers ou des
millions de coups, de ne voir jamais apparaître la
série de neuf numéros consécutifs, et penser qu'il
eût mieux fait de s'arrêter plus tôt. Pourtant, il
n'est pas dit qu'un autre joueur, suivant la même
formule de pari, mais sur des séries d'un autre type
(par exemple, un certain rythme d'alternance entre
rouge et noir, ou entre pair et impair) ne saluerait
pas des combinaisons significatives là où le premier
joueur n'apercevrait que le désordre. L'humanité

n'évolue pas dans un sens unique. Et si, sur un
certain plan, elle semble stationnaire ou même régres-
sive, cela ne signifie pas que, d'un autre point de
vue, elle n'est pas le siège d'importantes transformations.

Le grand philosophe anglais du XVIIIe siècle Hume
s'est un jour attaché à dissiper le faux problème que
se posent beaucoup de gens quand ils se demandent
pourquoi toutes les femmes ne sont pas jolies, mais
seulement une petite minorité. Il n'a eu nulle peine à
montrer que la question n'a aucun sens. Si toutes
les femmes étaient au moins aussi jolies que la
plus belle, nous les trouverions banales et réserve-
rions notre qualificatif à la petite minorité qui sur-
passerait le modèle commun. De même, quand nous
sommes intéressés à un certain type de progrès, nous
en réservons le mérite aux cultures qui le réalisent
au plus haut point, et nous restons indifférents
devant les autres. Ainsi le progrès n'est jamais que
le maximum de progrès dans un sens prédéterminé
par le goût de chacun.

9

LA COLLABORATION DES CULTURES

Il nous faut enfin envisager notre problème sous un dernier aspect. Un joueur comme celui dont il a été question aux paragraphes précédents qui ne parierait jamais que sur les séries les plus longues (de quelque façon qu'il conçoive ces séries) aurait toute chance de se ruiner. Il n'en serait pas de même d'une coalition de parieurs jouant les mêmes séries en valeur absolue, mais sur plusieurs roulettes et en s'accordant le privilège de mettre en commun les résultats favorables aux combinaisons de chacun. Car si, ayant tiré tout seul le 21 et le 22, j'ai besoin du 23 pour continuer ma série, il y a évidemment plus de chances pour qu'il sorte entre dix tables que sur une seule.

Or cette situation ressemble beaucoup à celle des cultures qui sont parvenues à réaliser les formes d'histoire les plus cumulatives. Ces formes extrêmes n'ont jamais été le fait de cultures isolées, mais bien de cultures combinant, volontairement ou involontairement, leurs jeux respectifs, et réalisant par des moyens variés (migrations, emprunts, échanges commerciaux, guerres) ces *coalitions* dont nous venons d'imaginer le modèle. Et c'est ici que nous touchons du doigt l'absurdité qu'il y a à déclarer une culture supérieure à une autre. Car, dans la mesure où elle serait seule, une culture ne pourrait jamais être « supérieure » ; comme le joueur isolé, elle ne réussirait jamais que des petites séries de quelques éléments, et la probabilité pour qu'une série longue « sorte » dans son histoire (sans être théoriquement exclue) serait si faible qu'il faudrait disposer d'un temps infiniment plus long que celui dans lequel s'inscrit le développement total de l'humanité pour espérer la voir se réaliser. Mais — nous l'avons dit plus haut — aucune culture n'est seule ; elle est toujours donnée en coalition avec d'autres cultures, et c'est cela qui lui permet d'édifier des séries cumulatives. La probabilité pour que, parmi ces séries, en apparaisse une longue dépend naturellement de l'étendue, de la durée et de la variabilité du régime de coalition.

De ces remarques découlent deux conséquences.

Au cours de cette étude, nous nous sommes demandé à plusieurs reprises comment il se faisait que l'humanité soit restée stationnaire pendant les neuf dixièmes de son histoire, et même davantage : les premières civilisations sont vieilles de deux cent mille à cinq cent mille années, les conditions de vie se transforment seulement au cours des derniers dix mille ans. Si notre analyse est exacte, ce n'est pas parce que l'homme paléolithique était moins intelligent, moins doué que son successeur néolithique, c'est tout simplement parce que, dans l'histoire humaine, une combinaison de degré n a mis un temps de durée t à sortir ; elle aurait pu se produire beaucoup plus tôt, ou beaucoup plus tard. Le fait n'a pas plus de signification que n'en a ce nombre de coups qu'un joueur doit attendre pour voir une combinaison donnée se produire : cette combinaison pourra se produire au premier coup, au millième, au millionième, ou jamais. Mais pendant tout ce temps l'humanité, comme le joueur, n'arrête pas de spéculer. Sans toujours le vouloir, et sans jamais exactement s'en rendre compte, elle « monte des affaires » culturelles, se lance dans des « opérations civilisation », dont chacune est couronnée d'un inégal succès. Tantôt elle frôle la réussite, tantôt elle compromet les acquisitions antérieures. Les grandes simplifications qu'autorise notre ignorance de la plupart des aspects des sociétés préhistoriques permettent d'illustrer cette marche incertaine et ramifiée, car rien n'est plus frappant que ces repentirs qui conduisent de l'apogée levalloisien à la médiocrité moustérienne, des splendeurs aurignacienne et solutréenne à la rudesse du magdalénien, puis aux contrastes extrêmes offerts par les divers aspects du mésolithique.

Ce qui est vrai dans le temps ne l'est pas moins dans l'espace, mais doit s'exprimer d'une autre façon. La chance qu'a une culture de totaliser cet

ensemble complexe d'inventions de tous ordres que
nous appelons une civilisation est fonction du nombre et de la diversité des cultures avec lesquelles
elle participe à l'élaboration — le plus souvent involontaire — d'une commune stratégie. Nombre et
diversité, disons-nous. La comparaison entre l'Ancien
Monde et le Nouveau à la veille de la découverte
illustre bien cette double nécessité.

L'Europe du début de la Renaissance était le lieu
de rencontre et de fusion des influences les plus
diverses : les traditions grecque, romaine, germani-
que et anglo-saxonne ; les influences arabe et chinoise. L'Amérique précolombienne ne jouissait pas,
quantitativement parlant, de moins de contacts culturels puisque les deux Amériques forment ensemble
un vaste hémisphère. Mais, tandis que les cultures
qui se fécondent mutuellement sur le sol européen
sont le produit d'une différenciation vieille de plusieurs dizaines de millénaires, celles de l'Amérique,
dont le peuplement est plus récent, ont eu moins
de temps pour diverger ; elles offrent un tableau
relativement plus homogène. Aussi, bien qu'on ne
puisse pas dire que le niveau culturel du Mexique
ou du Pérou fût, au moment de la découverte, inférieur à celui de l'Europe (nous avons même vu qu'à
certains égards il lui était supérieur), les divers
aspects de la culture y étaient peut-être moins bien
articulés. A côté d'étonnantes réussites, les civilisations précolombiennes sont pleines de lacunes, elles
ont, si l'on peut dire, des « trous ». Elles offrent

aussi le spectacle, moins contradictoire qu'il ne semble, de la coexistence de formes précoces et de formes abortives. Leur organisation peu souple et faiblement diversifiée explique vraisemblablement leur effondrement devant une poignée de conquérants. Et la cause profonde peut en être cherchée dans le fait que la « coalition » culturelle américaine était établie entre des partenaires moins différents entre eux que ne l'étaient ceux de l'Ancien Monde.

Il n'y a donc pas de société cumulative en soi et par soi. L'histoire cumulative n'est pas la propriété de certaines races ou de certaines cultures qui se distingueraient ainsi des autres. Elle résulte de leur *conduite* plutôt que de leur *nature*. Elle exprime une certaine modalité d'existence des cultures qui n'est autre que leur *manière d'être ensemble*. En ce sens, on peut dire que l'histoire cumulative est la forme d'histoire caractéristique de ces superorganismes sociaux que constituent les groupes de sociétés, tandis que l'histoire stationnaire — si elle existait vraiment — serait la marque de ce genre de vie inférieur qui est celui des sociétés solitaires.

L'exclusive fatalité, l'unique tare qui puissent affliger un groupe humain et l'empêcher de réaliser pleinement sa nature, c'est d'être seul.

On voit ainsi ce qu'il y a souvent de maladroit et de peu satisfaisant pour l'esprit, dans les tentatives dont on se contente généralement pour justifier la contribution des races et des cultures humai-

nes à la civilisation. On énumère des traits, on
épluche des questions d'origine, on décerne des
priorités. Pour bien intentionnés qu'ils soient, ces
efforts sont futiles, parce qu'ils manquent triplement
leur but. D'abord, le mérite d'une invention accordé
à telle ou telle culture n'est jamais sûr. Pendant
un siècle, on a cru fermement que le maïs avait été
créé à partir du croisement d'espèces sauvages par
les Indiens d'Amérique, et l'on continue à l'admettre
provisoirement, mais non sans un doute croissant,
car il se pourrait qu'après tout, le maïs fût venu
en Amérique (on ne sait trop quand ni comment)
à partir de l'Asie du Sud-Est.

En second lieu, les contributions culturelles peuvent toujours se répartir en deux groupes. D'un côté,
nous avons des traits, des acquisitions isolées dont
l'importance est facile à évaluer, et qui offrent aussi
un caractère limité. Que le tabac soit venu d'Amérique est un fait, mais après tout, et malgré toute la
bonne volonté déployée à cette fin par les institutions
internationales, nous ne pouvons nous sentir fondre
de gratitude envers les Indiens américains chaque
fois que nous fumons une cigarette. Le tabac est
une adjonction exquise à l'art de vivre, comme
d'autres sont utiles (ainsi le caoutchouc) ; nous leur
devons des plaisirs et des commodités supplémen-
taires, mais, si elles n'étaient pas là, les racines de
notre civilisation n'en seraient pas ébranlées ; et, en
cas de pressant besoin, nous aurions su les retrouver
ou mettre autre chose à la place.

Au pôle opposé (avec, bien entendu, toute une série de formes intermédiaires), il y a les contributions offrant un caractère de système, c'est-à-dire correspondant à la façon propre dont chaque société a choisi d'exprimer et de satisfaire l'ensemble des aspirations humaines. L'originalité et la nature irremplaçables de ces styles de vie ou, comme disent les Anglo-Saxons, de ces *patterns* ne sont pas niables, mais comme ils représentent autant de choix exclusifs on aperçoit mal comment une civilisation pourrait espérer profiter du style de vie d'une autre, à moins de renoncer à être elle-même. En effet, les tentatives de compromis ne sont susceptibles d'aboutir qu'à deux résultats : soit une désorganisation et un effondrement du *pattern* d'un des groupes ; soit une synthèse originale, mais qui, alors, consiste en l'émergence d'un troisième *pattern* lequel devient irréductible par rapport aux deux autres. Le problème n'est d'ailleurs pas même de savoir si une société peut ou non tirer profit du style de vie de ses voisines, mais si, et dans quelle mesure, elle peut arriver à les comprendre, et même à les connaître. Nous avons vu que cette question ne comporte aucune réponse catégorique.

Enfin, il n'y a pas de contribution sans bénéficiaire. Mais s'il existe des cultures concrètes, que l'on peut situer dans le temps et dans l'espace, et dont on peut dire qu'elles ont « contribué » et continuent de le faire, qu'est-ce que cette « civilisation mondiale » supposée bénéficiaire de toutes ces

contributions ? Ce n'est pas une civilisation distincte
de toutes les autres, jouissant d'un même coefficient
de réalité. Quand nous parlons de civilisation mondiale, nous ne désignons pas une époque, ou un
groupe d'hommes : nous utilisons une notion abstraite, à laquelle nous prêtons une valeur, soit morale,
soit logique : morale, s'il s'agit d'un but que nous
proposons aux sociétés existantes ; logique, si nous
entendons grouper sous un même vocable les éléments communs que l'analyse permet de dégager
entre les différentes cultures. Dans les deux cas, il
ne faut pas se dissimuler que la notion de civilisation
mondiale est fort pauvre, schématique, et que son
contenu intellectuel et affectif n'offre pas une grande
densité. Vouloir évaluer des contributions culturelles
lourdes d'une histoire millénaire, et de tout le poids
des pensées, des souffrances, des désirs et du labeur
des hommes qui les ont amenées à l'existence, en les
rapportant exclusivement à l'étalon d'une civilisation
mondiale qui est encore une forme creuse, serait
les appauvrir singulièrement, les vider de leur subs-
tance et n'en conserver qu'un corps décharné.

Nous avons, au contraire, cherché à montrer que
la véritable contribution des cultures ne consiste pas
dans la liste de leurs inventions particulières, mais
dans l'*écart différentiel* qu'elles offrent entre elles. Le
sentiment de gratitude et d'humilité que chaque
membre d'une culture donnée peut et doit éprouver
envers tous les autres, ne saurait se fonder que
sur une seule conviction : c'est que les autres cultu-

res sont différentes de la sienne, de la façon la plus variée ; et cela, même si la nature dernière de ces différences lui échappe ou si, malgré tous ses efforts, il n'arrive que très imparfaitement à la pénétrer.

D'autre part, nous avons considéré la notion de civilisation mondiale comme une sorte de concept limite, ou comme une manière abrégée de désigner un processus complexe. Car si notre démonstration est valable, il n'y a pas, il ne peut y avoir, une civilisation mondiale au sens absolu que l'on donne souvent à ce terme, puisque la civilisation implique la coexistence de cultures offrant entre elles le maximum de diversité, et consiste même en cette coexistence. La civilisation mondiale ne saurait être autre chose que la coalition, à l'échelle mondiale, de cultures préservant chacune son originalité.

10

LE DOUBLE SENS DU PROGRES

Ne nous trouvons-nous pas alors devant un étrange paradoxe ? En prenant les termes dans le sens que nous leur avons donné, on a vu que tout *progrès* culturel est fonction d'une *coalition* entre les cultures. Cette coalition consiste dans la mise en commun (consciente ou inconsciente, volontaire ou involontaire, intentionnelle ou accidentelle, cherchée ou contrainte) des *chances* que chaque culture rencontre dans son développement historique ; enfin, nous avons admis que cette coalition était d'autant plus féconde qu'elle s'établissait entre des cultures plus diversifiées. Cela posé, il semble bien que nous nous trouvions en face de conditions contradictoires. Car ce *jeu en commun* dont résulte tout progrès doit entraîner comme conséquence, à échéance plus ou moins brève, une *homogénéisation* des ressources de chaque joueur. Et si la diversité est une condition initiale, il faut reconnaître que les chances de gain deviennent d'autant plus faibles que la partie doit se prolonger.

A cette conséquence inéluctable, il n'existe, semble-t-il, que deux remèdes. L'un consiste, pour chaque joueur, à provoquer dans son jeu des *écarts différentiels* ; la chose est possible puisque chaque société (le « joueur » de notre modèle théorique) se compose d'une coalition de groupes : confessionnels, professionnels et économiques, et que la mise sociale est faite de mises de tous ces constituants. Les inégalités sociales sont l'exemple le plus frappant de cette solution. Les grandes révolutions que nous avons choisies comme illustration : néolithique et industrielle, se sont accompagnées, non seulement d'une diversification du corps social comme l'avait bien vu Spencer, mais aussi de l'instauration de statuts différentiels entre les groupes, surtout au point de vue économique. On a remarqué depuis longtemps que les découvertes néolithiques avaient rapidement entraîné une différenciation sociale, avec la naissance dans l'Orient ancien des grandes concentrations urbaines, l'apparition des Etats, des castes et des classes. La même observation s'applique à la révolution industrielle, conditionnée par l'apparition d'un prolétariat et aboutissant à des formes nouvelles, et plus poussées, d'exploitation du travail humain. Jusqu'à présent, on avait tendance à traiter ces transformations sociales comme la conséquence des transformations techniques, à établir entre celles-ci et celles-là un rapport de cause à effet. Si notre interprétation est exacte, la relation de causalité (avec la succession temporelle qu'elle implique) doit être abandonnée — comme la science moderne tend d'ailleurs généralement à le faire — au profit d'une corrélation fonctionnelle entre les deux phénomènes. Remarquons au passage que la reconnaissance du fait que le progrès technique ait eu, pour corrélatif historique, le développement de l'exploitation de l'homme par l'homme peut nous inciter à une certaine discrétion dans les manifestations d'orgueil que nous inspire si volontiers le premier nommé de ces deux phénomènes.

Le deuxième remède est, dans une large mesure, conditionné par le premier : c'est d'introduire de gré ou de force dans la coalition de nouveaux partenaires, externes cette fois, dont les « mises » soient très différentes de celles qui caractérisent l'association initiale. Cette solution a également été essayée, et si le terme de capitalisme permet, en gros, d'identifier la première, ceux d'impérialisme ou de colonialisme aideront à illustrer la seconde. L'expansion coloniale du XIXe siècle a largement permis à l'Europe industrielle de renouveler (et non certes à son profit exclusif) un élan qui, sans l'introduction des peuples colonisés dans le circuit, aurait risqué de s'épuiser beaucoup plus rapidement.

On voit que, dans les deux cas, le remède consiste à élargir la coalition, soit par diversification interne, soit par admission de nouveaux partenaires ; en fin de compte, il s'agit toujours d'augmenter le nombre des joueurs, c'est-à-dire de revenir à la complexité et à la diversité de la situation initiale. Mais on voit aussi que ces solutions ne peuvent que ralentir provisoirement le processus. Il ne peut y avoir exploitation qu'au sein d'une coalition : entre les deux groupes, dominant et dominé, existent des contacts et se produisent des échanges. A leur tour, et malgré la relation unilatérale qui les unit en apparence, ils doivent, consciemment ou inconsciemment, mettre en commun leurs mises, et progressivement les différences qui les opposent tendent à diminuer. Les améliorations sociales d'une part, l'accession graduelle des peuples colonisés à l'indépendance de l'autre, nous font assister au déroulement de ce phénomène ; et bien qu'il y ait encore beaucoup de chemin à parcourir dans ces deux directions, nous savons que les choses iront inévitablement dans ce sens. Peut-être, en vérité, faut-il interpréter comme une troisième solution l'apparition dans le monde de régimes politiques et sociaux antagonistes ; on peut concevoir qu'une diversification, se renouvelant chaque fois sur un autre plan, permette de maintenir indéfiniment, à travers des formes variables et qui ne cesseront jamais de surprendre les hommes, cet état de déséquilibre dont dépend la survie biologique et culturelle de l'humanité.

Quoi qu'il en soit, il est difficile de se représenter autrement que comme contradictoire un processus que l'on peut résumer de la façon suivante : pour progresser, il faut que les hommes collaborent ; et au cours de cette collaboration, ils voient graduellement s'identifier les apports dont la diversité initiale

était précisément ce qui rendait leur collaboration
féconde et nécessaire.

Mais même si cette contradiction est insoluble, le
devoir sacré de l'humanité est d'en conserver les
deux termes également présents à l'esprit, de ne
jamais perdre de vue l'un au profit exclusif de
l'autre ; de se garder, sans doute, d'un particularisme
aveugle qui tendrait à réserver le privilège de l'humanité à une race, une culture ou une société ; mais
aussi de ne jamais oublier qu'aucune fraction de
l'humanité ne dispose de formules applicables à l'ensemble, et qu'une humanité confondue dans un genre
de vie unique est inconcevable, parce que ce serait
une humanité ossifiée.

A cet égard, les institutions internationales ont
devant elles une tâche immense, et elles portent de
lourdes responsabilités. Les unes et les autres sont
plus complexes qu'on ne pense. Car la mission des
institutions internationales est double ; elle consiste
pour une part dans une liquidation, et pour une
autre part dans un éveil. Elles doivent d'abord
assister l'humanité, et rendre aussi peu douloureuse
et dangereuse que possible la résorption de ces diversités mortes, résidus sans valeur de modes de
collaboration dont la présence à l'état de vestiges
putréfiés constitue un risque permanent d'infection
pour le corps international. Elles doivent élaguer,
amputer s'il est besoin, et faciliter la naissance
d'autres formes d'adaptation.

Mais, en même temps, elles doivent être passion-

nément attentives au fait que, pour posséder la même
valeur fonctionnelle que les précédents, ces nouveaux modes ne peuvent les reproduire, ou être
conçus sur le même modèle, sans se réduire à des
solutions de plus en plus insipides et finalement
impuissantes. Il faut qu'elles sachent, au contraire,
que l'humanité est riche de possibilités imprévues
dont chacune, quand elle apparaîtra, frappera toujours les hommes de stupeur ; que le progrès n'est
pas fait à l'image confortable de cette « similitude
améliorée » où noùs nous cherchons un paresseux
repos, mais qu'il est tout plein d'aventures, de rup-
tures et de scandales. L'umanité est constamment
aux prises avec deux processus contradictoires dont
l'un tend à instaurer l'unification, tandis que l'autre
vise à maintenir ou à rétablir la diversification. La
position de chaque époque ou de chaque culture
dans le système, l'orientation selon laquelle elle s'y
trouve engagée sont telles qu'un seul des deux processus lui paraît avoir un sens, l'autre semblant être
la négation du premier. Mais dire, comme on pourrait y être enclin, que l'humanité se défait en même
temps qu'elle se fait, procéderait encore d'une vision
incomplète. Car, sur deux plans et à deux niveaux
opposés, il s'agit bien de deux manières différentes
de se *faire*.

La nécessité de préserver la diversité des cultures
dans un monde menacé par la monotonie et l'unifor-
mité n'a certes pas échappé aux institutions internationales. Elles comprennent aussi qu'il ne suffira

pas, pour atteindre ce but, de choyer des traditions locales et d'accorder un répit aux temps révolus. C'est le fait de la diversité qui doit être sauvé, non le contenu historique que chaque époque lui a donné et qu'aucune ne saurait perpétuer au-delà d'elle-même. Il faut donc écouter le blé qui lève, encourager les potentialités secrètes, éveiller toutes les vocations à vivre ensemble que l'histoire tient en réserve ; il faut aussi être prêt à envisager sans surprise, sans répugnance et sans révolte ce que toutes ces nouvelles formes sociales d'expression ne pourront manquer d'offrir d'inusité. La tolérance n'est pas une position contemplative, dispensant les indulgences à ce qui fut ou à ce qui est. C'est une attitude dynamique, qui consiste à prévoir, à comprendre et à promouvoir ce qui veut être. La diversité des cultures humaines est derrière nous, autour de nous et devant nous. La seule exigence que nous puissions faire valoir à son endroit (créatrice pour chaque individu des devoirs correspondants) est qu'elle se réalise sous des formes dont chacune soit une contribution à la plus grande générosité des autres.

L'ŒUVRE DE CLAUDE LEVI-STRAUSS

par Jean POUILLON

Cette étude date de juillet 1956. Elle a été publiée dans le numéro 126 des *Temps Modernes*.

« Comment peut-on être Persan ? » L'ironie de la question appelle l'évidence de la réponse : « vous en êtes un autre ! » Comme dans les comédies classiques, la surprise réciproque conduit à la reconnaissance : l'homme, c'est celui que je suis, celui qui vit avec et comme moi, et pourtant c'est également l'autre, aussi différent de moi puisse-t-il être. Cette reconnaissance, que l'expérience, plus que la raison, impose et que même la violence raciste ne peut effacer — car elle implique l'aveu contre lequel elle se rebelle — constitue seulement un point de départ : il reste à déterminer le sens de cet « également », de façon à rendre compte à la fois de la différence qu'il suppose et de la similitude qu'il affirme entre les hommes. La découverte de l'altérité est celle d'un rapport, non d'une barrière. Elle peut brouiller les perspectives, mais elle élargit les horizons. Si elle remet en question l'idée qu'on se fait de soi et de sa propre culture, c'est précisément parce qu'elle nous fait sortir du cercle restreint de nos semblables. L'objection, qu'on pourrait tirer du fait que certains « primitifs » se réservent à eux

seuls le nom d'homme et le refusent aux autres, n'a
pas grande portée. D'abord, parce que ce refus manifeste plus leur isolement qu'une véritable contesta-
tion de l'humanité de l'autre ; ensuite, parce que,
de toutes façons, il confère malgré tout un statut
particulier à celui qui en est l'objet et ne le range
pas purement et simplement parmi les animaux ou
les choses ; enfin et surtout, parce que la moindre
expérience ethnographique établit aussitôt le rapport
prétendu impossible. En fait, l'autre est toujours un
autre homme. Il ne faut voir là ni une définition
logique, un simple jeu de notions, ni une affirmation
morale ; c'est une constatation vécue, et on ne peut
lire *Tristes Tropiques* [1] sans être constamment
frappé ; l'autre est celui dont je sais que j'ai à le
comprendre dans une relation dont je sais aussi
qu'elle sera réciproque, ce qui, bien entendu, ne veut
pas dire qu'elle sera réussie. L'altérité n'empêche
donc pas la compréhension, bien au contraire [2].

C'est de là qu'il faut partir. C'est là aussi que
commencent les malentendus. Qu'est-ce en effet que
comprendre ? La conception « digestive », qu'on s'en
fait souvent et dont il n'est pas si facile de se
déprendre, place sa réussite dans ce qui est en réalité
son échec. Comprendre serait assimiler — au sens
propre de ce verbe : rendre semblable à soi — ce qui

1. Plon édit.
2. Peut-être même doit-on dire qu'elle la fonde, mais
ceci est une autre question.

pourtant se présente d'abord comme différent, transformer la différence en identité. Quand par exemple Montesquieu fait venir son Persan imaginaire à Paris, c'est moins pour l'opposer au Français que pour suggérer entre eux une équivalence qui affadisse leurs dissemblances : l'un et l'autre sont hommes non en ce par quoi ils diffèrent, mais parce qu'ils se ressemblent, ou du moins se valent. Sans doute le but de Montesquieu n'est-il pas tant de comprendre le Persan que de contester l'image que la société parisienne se fait d'elle-même, mais c'est bien la preuve qu'il s'agit de la critique d'une certaine culture par elle-même — critique dont il n'est pas question de sous-estimer la portée toujours actuelle — et non d'une véritable confrontation interhumaine. Une telle confrontation est, à vrai dire, exclue par l'humanisme classique, qu'il s'agisse de l'humanisme biologique — « l'homme est un bipède sans plumes... » — ou spiritualiste — « ... et qui a une âme ». Dans la perspective humaniste, en effet, c'est la similitude qui est essentielle telle serait prouvée par le fait même de la compréhension conçue comme un processus d'identification ; les différences, au contraire, sont, sinon illusoires, du moins secondaires. L'autre est aussi un homme, non pas *dans,* mais *malgré* sa différence. On est ainsi conduit à un curieux paradoxe : l'humanité est placée en dehors et comme au-dessus des cultures, dont on ne sait plus trop ce que signifie la diversité. Si d'ordinaire on ne prend pas garde à cette bizarrerie, c'est ou bien parce qu'on la fonde, implicitement ou non, sur une métaphysique d'origine religieuse, ou bien parce qu'on valorise sans s'en apercevoir la culture à laquelle on appartient et qu'on soustrait ainsi à la diversité accidentelle des autres systèmes culturels. La valeur indubitable de cette conception a été et est toujours d'affirmer la possibilité de la communication des hommes entre eux, et de refuser — du moins en principe — tout privilège à ce qui les oppose, de combattre le chauvinisme et le racisme. Mais l'erreur est de croire que pour nier le privilège, il faut considérer comme négligeable la différence à laquelle on l'attache indûment et affirmer une essence humaine, toujours égale à elle-même. Cette erreur procède directement de la confusion entre identification ou assimilation et compréhension. C'est elle qui oblige à voir dans la différence le masque d'une ressemblance : l'altérité ne serait qu'une illusion, l'apparence trompeuse d'une similitude plus profonde. En somme la compréhension aboutirait à la dissolution de son objet initial.

La compréhension authentique doit au contraire le maintenir dans sa spécificité. Elle n'abolit pas la distance entre le sujet et l'objet, elle permet de la parcourir, mais ne la supprime pas, ne la dissout pas dans une vague sympathie qui, sous prétexte de découvrir l'humanité profonde, estomperait tout ce qui fait des hommes ce qu'ils sont, c'est-à-dire des êtres profondément différents les uns des autres. C'est en tant qu'essentiellement autre que l'autre doit être vu. Le premier mérite de l'ethnographie

est de faire de cette règle d'apparence logique un
impératif pratique. Si Montesquieu peut voir dans
son Persan un homme qui n'est pas tellement différent du Parisien, c'est parce qu'il l'invente. Mais
l'imagination est inférieure à la réalité : un Bororo
réel est plus loin de nous qu'un Persan littéraire,
et surtout il l'est de façon plus surprenante, puisque
c'est dans cet éloignement même que l'ethnographe
l'atteint et réussit à vivre avec lui en faisant la double
et contradictoire expérience de l'étrangeté et de la
familiarité. Il ne doit jamais oublier le premier de
ces aspects au profit du second. Pour lui, l'essentiel
est la différence, qu'il s'agit de comprendre sans céder
à la tentation de la réduire. Ce n'est sans doute pas
si facile, puisqu'un ethnologue comme Malinowski,
qui a consacré tant d'efforts à l'observation et à
l'analyse de groupes humains considérés dans leur
particularité, n'hésite pas à écrire à propos des règles
du mariage : « Pour parler franc, je dirais que les
contenus symbolique, représentatif ou cérémoniel du
mariage ont, pour l'ethnologue, une importance
secondaire.... La véritable essence du mariage est que
grâce à une cérémonie très simple ou très compliquée, il donne une expression publique, collective-
ment reconnue, au fait que deux individus entrent
dans l'état de mariage. » Ou encore : « Les besoins
organiques de l'homme fournissent les impératifs
fondamentaux qui conduisent au développement de

la vie sociale [3]. » Mais, objecte alors Lévi-Strauss,
« pourquoi donc aller dans des tribus lointaines ? et
les 603 pages de la *Sexual life of savages of North
Western Melanesia* vaudraient-elles grand-chose, si
c'était là tout leur enseignement ?... Ce qui intéresse
l'ethnologue, ce n'est pas l'universalité de la fonction,
qui est loin d'être certaine, et qui ne saurait être
affirmée sans une étude attentive de toutes les coutumes de cet ordre et de leur développement historique, mais bien le fait que les coutumes soient si
variables. Or, il est bien vrai qu'une discipline, dont
le but premier, sinon le seul, est d'analyser et d'interpréter les différences, s'épargne tous les problèmes
en ne tenant plus compte que des ressemblances.
Mais, du même coup, elle perd tout moyen de
distinguer le général auquel elle prétend, du banal
dont elle se contente [4]. »

Toutefois, le souci de Malinowski est clair et Lévi-
Strauss n'est pas sans le partager. Il craint ce qu'il
a appelé l'« hérodotage », la curiosité pour « les
excentricités primitives de l'homme », l'exotisme
facile, dont Lévi-Strauss se moque au début de ses
Tristes Tropiques. Pour l'un comme pour l'autre, le
problème proprement scientifique — c'est-à-dire
celui qu'une simple expérience vécue ne peut, malgré

3. Cité par LÉVI-STRAUSS, dans « Histoire et Ethnologie »,
Revue de Métaphysique et de Morale, juillet-octobre 1949.
    4. LÉVI-STRAUSS, *Id.*

son importance, résoudre — reste d'atteindre l'universel. Seulement, l'erreur de Malinowski et de maints ethnologues est d'imaginer que, pour corriger ce que peut avoir de décevant un monotone recensement de particularités, il suffit de recourir aux lieux communs de l'humanisme. Juxtaposer les différences ou les effacer à l'aide de vagues ressemblances ou d'une idée apriori de l'homme, tels sont les deux défauts à éviter. On n'y parvient certainement pas en les cumulant ! C'est pourtant ce qu'on fait souvent : après avoir collectionné les traits qui opposent diverses cultures les unes aux autres, on aboutit à la conclusion optimiste qu'en somme l'homme est partout le même, parce que partout, malgré leurs différences, les institutions sociales « fonctionnent » à peu près de la même façon. Cet exercice absurde paraît justifié, il est vrai, par les définitions traditionnelles de l'ethnographie et de l'ethnologie : la première « consiste dans l'observation et l'analyse de groupes humains considérés dans leur particularité », et la seconde ensuite « utilise de façon comparative les documents présentés par l'ethnographe [5] ». Mais il ne suffit pas d'invoquer la méthode comparative, comme si elle ne posait d'autres problèmes que pratiques (de tact, de discernement), comme si l'ethnologie se constituait, pour ainsi dire, toute seule, sans douleur, simplement en confrontant les résultats obtenus au cours

5. LÉVI-STRAUSS, *Ibid*. Mais L.S. prend soin de dire qu'il s'agit là de définitions sommaires et provisoires.

des enquêtes ethnographiques. L'erreur est en effet
de croire que, dans la recherche de la généralité,
la comparaison est la démarche première. On est
alors tenté de comparer n'importe quoi, puisqu'on
espère que la simple mise en rapport de systèmes
culturels différents fera apparaître la loi ou la
fonction générales : c'est la comparaison qui semble
fonder la généralisation. Aussi aboutit-on à de simples analogies, d'où l'on ne peut tirer qu'une généralité vide et idéale, par rapport à laquelle toutes les
différences qu'on a pu recenser sont, à proprement
parler, *indifférentes* : les hommes sont ainsi, et puis
ainsi, et puis encore ainsi, et cela signifie toujours
la même chose. C'est ce qu'on peut appeler le relativisme culturel. Ce relativisme se double d'un natura-
lisme. Comment en effet rendre compte des différences en tant que telles ? On ne peut les expliquer
par la généralité qu'on a cru découvrir, puisque
celle-ci suppose leur relativité et qu'elle ne contient
en elle aucun principe de différenciation. Il ne reste
alors qu'une issue : les référer à la diversité des
conditions naturelles. Cela signifie deux choses :
d'abord qu'on valorise, autant que faire se peut, les
explications par le milieu, quitte à énoncer des
truismes [6], ensuite et surtout qu'on traite chaque

6. Dans l'article déjà cité, L.S. en emprunte une fois
de plus un exemple à Malinowski, qui nous dit de l'insti-
tution du jardinage qu'elle est « universellement présente,
partout où le milieu est favorable à l'exploitation du sol,
et le niveau social suffisamment haut pour lui permettre
d'exister ».

culture particulière comme une simple donnée de fait. L'observation peut être subtile et fouillée, elle n'atteint pas — ou, si elle le fait, c'est sans méthode délibérée — le niveau de l'analyse structurale. Encore une fois, les hommes sont « comme ça » et il faut, certes, les décrire très soigneusement, mais il n'y a pas à chercher plus loin. D'un côté donc la nature, de l'autre une idée générale de l'homme, et dans l'entre-deux la variété bariolée des coutumes.

C'est contre ce relativisme naturaliste que s'élève Lévi-Strauss. Il a trop fortement le sentiment du morcellement de l'humanité en cultures différentes et en même temps le souci de la systématisation scientifique, pour se satisfaire de cette fausse synthèse. Si la différence doit être surmontée, elle ne peut l'être du dehors au profit d'une généralité qui lui serait extérieure. S'il est possible d'atteindre une généralité, c'est dans la différence elle-même qu'on la trouvera, préalablement à toute comparaison et fondant alors celle-ci sur une base solide. Pour procéder ainsi, il faut admettre que la différence ou l'ensemble de différences constituant une culture particulière n'est pas une donnée naturelle qu'il suffirait de recueillir, mais qu'il s'agit d'une organisation systématique dont seule une analyse structurale permet de rendre compte. Les deux problèmes, que confond le relativisme naturaliste, doivent donc être séparés : d'abord, qu'est-ce qu'une culture ? Ensuite, s'il s'agit bien d'une structure, peut-on élaborer une « structure générale des structures »,

c'est-à-dire un système des différences qui ne
conduise ni à leur simple juxtaposition, ni à leur
effacement artificiel ?

On n'attache plus guère aujourd'hui de signification historique à la distinction entre un prétendu
état de nature et l'état de société ou de culture. On
sait bien qu'il est vain en fait et injustifié en droit
de rechercher un stade pré-culturel, au cours duquel
l'homme, « en l'absence de toute organisation sociale,
n'en aurait pas moins développé des formes d'activité
qui sont partie intégrante de la culture [7] ». C'est
malheureusement pourquoi on a fréquemment « natu-
ralisé » la société et la culture : faute de pouvoir
expliquer la société en la faisant sortir du pré-
social, on a considéré que la société était elle-
même « naturelle », que la vie sociale était un fait
premier sur lequel il n'y avait pas à s'interroger.
Pourtant, on ne peut rien comprendre aux phénomènes sociaux si l'on commence par nier l'opposition,
au moins logique, entre l'ordre naturel et l'ordre
culturel. Cette opposition est celle de la règle et de
l'universalité, de l'obligation et de la nécessité. Elle
répond à une distinction de domaines : « La
constance et la régularité existent, à vrai dire, aussi
bien dans la nature que dans la culture. Mais, au
sein de la première, elles apparaissent précisément
dans le domaine où, dans la seconde, elles se mani-

7. Lévi-Strauss, *Les structures élémentaires de la
parenté*. P.U.F.

festent le plus faiblement, et inversement. Dans un
cas c'est le domaine de l'hérédité biologique, dans
l'autre celui de la tradition externe [8] ». Un critère
existe donc : « Partout où la règle se manifeste, nous
savons avec certitude être à l'étage de la culture [9] »,
c'est-à-dire du relatif et du particulier. Mais ce
critère ne nous dit pas comment en fait, dans leur
opposition même, nature et culture s'articulent. Le
paradoxe de la prohibition de l'inceste fournit la
solution du problème. Elle présente en effet, « sans
la moindre équivoque et indissolublement réunis, les
deux caractères où nous avons reconnu les attributs
contradictoires de deux ordres exclusifs : elle constitue une règle, mais une règle qui, seule entre toutes
les règles sociales, possède en même temps un caractère d'universalité [10] ». Elle est donc « la Règle
par excellence, la seule universelle et qui assure la
prise de la culture sur la nature... En un sens, elle
appartient à la Nature, car elle est une condition
générale de la Culture ; et par conséquent il ne faut
pas s'étonner de la voir tenir de la Nature son
caractère formel, c'est-à-dire l'universalité. Mais en
un sens aussi, elle est déjà la Culture, agissant et
imposant sa règle au sein de phénomènes qui ne
dépendent point, d'abord, d'elle... La prohibition
de l'inceste constitue précisément le lien qui unit
l'une à l'autre [11] » l'existence biologique et l'existence sociale. Que ce saut d'un ordre à l'autre s'opère

8-9-10-11. *Ibid.*

sur le terrain de la vie sexuelle n'a rien qui doive
étonner et on comprend dès lors qu'ethnologie et
psychanalyse ne sauraient s'ignorer : la vie sexuelle
est en effet une amorce de la vie sociale, « car... l'ins-
tinct sexuel est le seul qui, pour se définir, ait besoin
de la stimulation d'autrui [12] ». D'autre part « la
nature impose l'alliance, mais ne la détermine
pas [13] ». On comprend ainsi comment la prohibition
de l'inceste à la fois enracine l'homme dans la
nature et l'en détache : elle est « règle qui étreint
ce qui, dans la société, lui est le plus étranger ; mais
en même temps règle sociale qui retient, dans la
nature, ce qui est susceptible de la dépasser... Elle
opère, et par elle-même constitue l'avènement d'un
ordre nouveau [14] ».

On se tromperait fort, en effet, en ne retenant
d'elle que son aspect négatif (qui explique sans doute
pourquoi on a longtemps considéré qu'elle posait
un problème insoluble. L'interdiction implique
immédiatement une organisation positive et systématique. C'est pourquoi elle peut être appelée la
« règle des règles » : elle pose l'universalité de la
réglementation et ouvre la voie à l'élaboration des
normes particulières qui définissent chaque société,
chaque culture, car prohiber tel type de mariage,
c'est du même coup poser quels sont les mariages

12. *Ibid.*
13. S. de BEAUVOIR, note sur les *Structures élémentaires
de la parenté. Temps Modernes,* novembre 1949.
14. *Structures élémentaires de la parenté.*

tolérés ou préférés et constituer les normes des échanges et de la réciprocité à l'intérieur du groupe considéré. La prohibition de l'inceste fournit donc la synthèse du particulier et du général : *Les structures élémentaires de la parenté* formulent d'un même mouvement le principe général et le système de ses multiples diversifications, sans privilégier ni le principe, ni la particularité, puisque chaque univers social exprime entièrement le principe bien qu'il n'en épuise évidemment pas toutes les modalités possibles.

Bien entendu, les règles du mariage dans une société donnée n'y recouvrent pas l'ensemble des institutions, mais elles expriment toujours un certain type structural qui, lui, rend compte de l'organisation de cette société. Une société ou une culture n'est pas faite de pièces et de morceaux, elle constitue un univers de règles systématisées qui se répondent dans des domaines et à des niveaux différents. Il est bien vrai toutefois que les règles du mariage y tiennent souvent une place de premier plan, parce qu'elles y définissent certaines modalités d'échange et qu'en fin de compte toute société peut se définir par le genre de communication qu'elle institue entre ses membres. C'est d'ailleurs pour la même raison qu'elle est essentiellement une structure, car une structure, c'est précisément le contraire d'une mosaïque faite d'éléments séparables. Au fond, on pourrait définir la culture comme la communication réglée, et la sociologie comme une théorie générale de la communication, théorie que Lévi-Strauss a d'ailleurs

esquissée dans son article sur la *Structure sociale* [15].
La communication entre individus ou groupe n'est
pas, en effet, une conséquence de la vie en société,
elle est cette vie même, à condition, bien sûr, de
ne pas la limiter à la seule communication orale ou
écrite. « Dans chaque société la communication joue
à trois niveaux différents : communication des
femmes, communication des biens et des services,
communication des messages. Donc les études de
parenté, l'économie et la linguistique abordent des
problèmes formellement du même type bien que se
situant à des niveaux... différents [16] ». Le mariage
est une communication lente de réalités de même
nature et de même ordre de grandeur que les sujets
qui communiquent ; les femmes sont des personnes
et des valeurs. Le langage est une communication
rapide de purs signes — qui, toutefois, ont pu
être originellement des valeurs [17] — différents des
sujets. L'économie se situe à un niveau intermédiaire : « quoique n'étant ni symboliques, ni signes,
[les biens et les services] requièrent des symboles
ou des signes pour que puisse s'accomplir leur
échange, quand celui-ci atteint un certain degré de
complexité [18]. »

Lévi-Strauss n'est certes ni le premier, ni le seul
à souligner le caractère structurel des phénomènes

15. *Bulletin de Psychologie,* 5 mai 1953.
16. *Ibid.*
17. *Structures élémentaires de la parenté,* p. 615.
18. *Bulletin de Psychologie.* Art. cité.

sociaux, mais son originalité est de le prendre au
sérieux et d'en tirer imperturbablement toutes les
conséquences. Pour beaucoup, parler de structure
sert de justification commode à la confusion plus ou
moins brillante : on parle de tout à propos de
n'importe quoi et, sous prétexte que la société constitue un système, on met en rapport des phénomènes
d'ordres différents sans chercher à savoir si la
comparaison est fondée ; au mieux, la notion de
structure permet d'assouplir la description phénoménologique. Pour Lévi-Strauss, au contraire, son
intérêt fondamental est d'autoriser un dépassement
de la description pure, du sensible ou du vécu vers
le rationnel, c'est-à-dire vers des rapports mathéma-
tisables. Commentant l'*Essai sur le don* de Marcel
Mauss, où il voit précisément le premier effort pour
« transcender l'observation empirique et atteindre
des réalités plus profondes », il écrit : « Pour la première fois, le social cesse de relever du domaine de
la qualité pure... et devient un système entre les par-
ties duquel on peut donc découvrir des connexions,
des équivalences et des solidarités. Ce sont d'abord
les produits de l'activité sociale... qui sont rendus
comparables entre eux par ce caractère commun
que tous possèdent d'être transférables... Ils ne sont,
d'ailleurs, pas seulement comparables, mais souvent substituables, dans la mesure où des valeurs
différentes peuvent se remplacer dans la même opération. Et surtout, ce sont les opérations elles-mêmes,
aussi diverses qu'elles puissent paraître à travers les

événements de la vie sociale... et aussi arbitraires
par le nombre et la distribution des individus qu'elles
mettent en cause..., qui autorisent toujours une
réduction à un plus petit nombre d'opérations, de
groupes ou de personnes, où l'on ne retrouve plus,
en fin de compte, que les termes fondamentaux
d'un équilibre, diversement conçu et différemment
réalisé selon le type de société considéré. Les types
deviennent donc définissables par ces caractères
intrinsèques ; et comparables entre eux puisque ces
caractères ne se situent plus dans un ordre quali-
tatif, mais dans le nombre et l'arrangement d'éléments qui sont eux-mêmes constants dans tous les
types... [Par exemple] les interminables séries de
fêtes et de cadeaux qui accompagnent le mariage
en Polynésie, mettant en cause des dizaines, sinon
des centaines de personnes, et qui semblent défier la
description empirique, peuvent être analysées en
trente ou trente-cinq prestations s'effectuant entre
cinq lignées qui sont entre elles dans un rapport
constant, et décomposables en quatre cycles de réciprocité entre les lignées A et B, A et C, A et D, et
A et E ; le tout exprimant un certain type de structure
sociale tel que, par exemple, des cycles entre B et C,
ou entre E et B ou D, ou enfin entre E et C soient
exclus, alors qu'une autre forme de société les
placerait au premier plan. La méthode est d'une
application si rigoureuse que si une erreur apparais-
sait dans la solution des équations ainsi obtenues,
elle aurait plus de chance d'être imputable à une

lacune dans la connaissance des institutions indigènes qu'à une faute de calcul. Ainsi, dans l'exemple
qui vient d'être cité, on constate que le cycle entre
A et B s'ouvre par une prestation sans contrepartie ;
ce qui inciterait aussitôt à rechercher, si on ne la
connaissait pas, la présence d'une action unilatérale,
antérieure aux cérémonies matrimoniales, bien qu'en
relation directe avec elles. Tel est exactement le
rôle joué dans la société en question par l'abduction
de la fiancée... *On aurait donc pu la déduire si elle
n'avait pas été observée* [19] ». C'est nous qui soulignons cette dernière phrase : elle signifie qu'un
Leverrier ethnologue pourrait exister.

Si nous avons choisi ce texte — nous aurions pu
en citer d'autres, par exemple, dans les *Structures
élémentaires de la parenté,* le commentaire sur
« une étude algébrique de certains types de lois du
mariage » — c'est qu'il a fait l'objet d'une vive
critique de Claude Lefort [20], qui permet de préciser
le problème à la fois méthodologique et philosophique de l'analyse structurale telle que l'entend Lévi-
Strauss. Passons sur le reproche de formalisme, qui
ne signifie pas grand-chose : la question est en
effet de savoir, non pas si le traitement mathématique
des phénomènes doit ou non être rejeté en raison
de son caractère évidemment formel, mais s'il permet

19. Introduction à l'œuvre de Marcel Mauss, in *Sociologie et anthropologie.* P.U.F.
20. L'échange et la lutte des hommes. *Temps Modernes,*
février 1951.

ou non de rendre compte des faits. Or, sur ce point,
il semble qu'au moins dans les applications qu'en fait
Lévi-Strauss, la réponse ne soit pas douteuse. Dira-
t-on qu'il ne peut s'appliquer dans tous les cas ?
Lévi-Strauss en convient lui-même ; mais cette difficulté n'est pas de principe, elle tient à la situation
historique de l'anthropologie : « sans qu'il y ait de
notre faute, nous découvrons que nous nous sommes
conduits comme des botanistes amateurs, ramassant
pêle-mêle des spécimens hétéroclites plus tard
déformés et mutilés pour les conserver dans notre
herbier... C'est un peu comme si la physique cos-
mique devait travailler sur les observations babylo-
niennes. Malheureusement les corps célestes sont toujours là, mais les cultures indigènes où nous avions
l'habitude de chercher nos documents sont en train
de disparaître rapidement et ce qui les remplace ne
peut que fournir des données d'un type très différent. Ajuster nos techniques d'observation à un
cadre théorique qui est fort en avance sur elles,
représente une situation paradoxale, opposée à celle
qui a généralement prévalu dans l'histoire des sciences. Tel est pourtant le défi lancé à l'anthropologie
moderne [21] ». C'est donc sur la justification théorique
de ce cadre que la discussion doit porter : qu'il
soit formel et que tous les faits n'y puissent peut-être
pas rentrer, est secondaire. Aussi la critique essentielle de Lefort concerne-t-elle « la relation du sys-

21. *Bulletin de Psychologie*. **Art. cité.**

tème mathématique à l'expérience » que, selon lui, Lévi-Strauss concevait « comme celui de la réalité à l'apparence [22] ». Il lui reproche de mettre le sens de l'expérience hors de l'expérience elle-même. « Celle-ci, dit-il, ne *vaut* [chez Lévi-Strauss] que pour l'édification d'une logique symbolique. Il nous paraît en revanche que cette logique ne peut être établie que parce qu'elle désigne une *réalité* distincte d'elle et dont le sens nous est *par ailleurs* fourni... En bref, ce qu'on reprocherait à M. Lévi-Strauss, c'est de saisir dans la société des *règles* plutôt que des *comportements*... c'est de se donner artificiellement une rationalité totale, à partir de laquelle les groupes et les hommes sont réduits à une fonction abstraite, au lieu de la fonder sur les relations concrètes que ceux-ci viennent à nouer entre eux [23] ».

Cette critique ne serait justifiée [24] à l'encontre de Lévi-Strauss que dans deux cas : s'il confondait l'appréhension de la réalité et son expression mathématique, prenant celle-ci pour celle-là, ou au contraire si, les séparant, il faisait de la première la saisie d'une simple apparence et de la seconde la définition même du réel. En fait, il ne commet aucune de ces deux erreurs. Sans doute, dans le passage cité plus haut de l'*Introduction à l'œuvre de Mauss,* il parle d'atteindre « des réalités plus

22. LEFORT. Art. cité.
23. *Ibid.* Les mots soulignés le sont par l'auteur.
24. Sa véritable portée apparaîtra plus loin, quand il sera question des rapports entre l'histoire et l'ethnologie.

profondes ». L'expression est certainement équivoque. Mais, si l'on se réfère à d'autres textes, ce que
veut dire Lévi-Strauss apparaît directement : ce n'est
pas la mathématisation qui nous fait accéder à un
niveau plus profond de la réalité, c'est quand l'analyse du réel lui-même est poussée assez loin que sa
mathématisation — avec tous les avantages qu'elle
comporte pour l'élaboration ultérieure du savoir —
devient possible. Cette expression mathématique du
réel n'est jamais confondue avec le réel. La confusion est au contraire le fait de Lefort, qui prend pour
équivalentes les expressions « structure sociale »
et « organisation sociale » ; Lefort imagine alors
qu'en formulant mathématiquement la structure,
Lévi-Strauss prétend mathématiser l'organisation
empirique elle-même. Pourtant ce dernier les a très
explicitement distinguées : « les termes de structure
sociale ne concernant pas la réalité empirique,
mais des modèles qui sont construits d'après celle-
ci... Les relations sociales sont la matière première
à partir de laquelle on construit les modèles constituant la structure sociale, tandis que la structure
sociale ne peut, en aucun cas, être réduite à l'ensemble des relations sociales décrites pour une
société donnée [25] ». La notion capitale est ici celle
de « modèle ». Or, cette notion est instrumentale et
non ontologique : le modèle est, non pas l'objet de
la compréhension, mais son moyen. La question n'est

25. *Bulletin de Psychologie.* Art. cité.

donc, pas de savoir si le modèle porte ou non l'index de la réalité, elle est de savoir si c'est le meilleur moyen de comprendre celle-ci. Malheureusement — car il ne suffirait pas de dire que les études menées selon cette méthode ont tranché la question — la réponse de Lévi-Strauss est à la fois assurée et philosophiquement peu claire. Dans *Tristes Tropiques,* il justifie sa méthode en affirmant une discontinuité entre le vécu empirique et le réel : « Pour atteindre le réel, il faut d'abord répudier le vécu, quitte à le réintégrer par la suite dans une synthèse objective dépouillée de toute sentimentalité [26]. » Mais les raisons qu'il apporte sont surtout des motivations tirées de l'histoire particulière de sa pensée personnelle [27]. Quelle est la signification de cette discontinuité ? Pourquoi « la réalité vraie [n'est-elle] jamais la plus manifeste ? » Il ne suffit pas d'invoquer l'enseignement de la géologie, de la psychanalyse et du marxisme. Toutefois, l'essentiel, pour la discussion présente, est que cette discontinuité ne saurait être irrémédiable : elle exige une synthèse du vécu et du rationnel, synthèse qui doit s'opérer grâce, précisément, à la construction des modèles. Cette synthèse, il est vrai, n'est pas faite, et on a déjà vu les raisons pratiques qui la rendent difficile, mais

26. *Tristes Tropiques,* p. 50.
27. Il se fait notamment une idée superficielle de la phénoménologie, qu'il semble réduire à la description empirique, ce qui, si l'on songe à Husserl, est assez étonnant.

Lefort n'a pas pour autant le droit d'enfermer Lévi-Strauss dans ce dilemme : ou ne pouvoir remonter la discontinuité, ou privilégier indûment le rationnel aux dépens du vécu.

D'où vient la confiance que Lévi-Strauss manifeste dans la possibilité de cette synthèse du vécu et du rationnel, qui seule nous livrerait le sens du réel ? Elle s'explique par le succès effectivement démontré de cette méthode en linguistique, où l'analyse phonologique a précisément permis de « définir une langue par un petit nombre de relations constantes, dont la diversité et la complexité apparente du système phonétique ne font qu'illustrer la gamme possible des combinaisons autorisées [28] ». L'exemple de la linguistique structurale prouve qu'une science sociale peut aboutir à des lois, qui à la fois dépassent et rendent intégralement compte du donné purement phénoménologique. Reste à préciser à quoi tient ce succès et à savoir s'il est de quelque utilité pour l'anthropologie.

Les raisons qu'on invoque généralement pour refuser aux sciences sociales la possibilité d'énoncer des lois sont tirées de l'étroite liaison qui y existe entre l'observateur et l'objet observé. Sans doute, dans toutes les sciences, l'objet est dans une certaine mesure affecté par l'intervention de l'observateur, mais, quand l'homme étudie l'homme, les modifications provoquées dans l'objet par l'observation sont

28. Introduction à l'œuvre de Mauss.

à la même échelle que l'objet lui-même. L'appartenance de l'observateur à une culture particulière influe sur la façon dont il étudie les autres cultures, et on ne voit pas comment il lui serait scientifiquement possible de faire la part de ses intérêts individuels. Pourtant, la linguistique échappe à ces objections. La raison essentielle est qu'une bonne part « du comportement linguistique se situe au niveau de la pensée inconsciente [29] ». Bien plus, ce caractère inconscient du comportement linguistique persiste même chez celui qui connaît la phonologie. Le savant reste séparé du sujet parlant et l'influence de l'observateur sur l'observé n'est pas à craindre.

C'est grâce à cela, et aussi à l'ancienneté du langage et à la grande quantité de documents différents dont on peut disposer, que la linguistique a pu se constituer scientifiquement. Pour qu'il en soit de même en anthropologie, il faut pouvoir répondre positivement aux deux questions suivantes : la comparaison entre les phénomènes de langage et les autres phénomènes sociaux est-elle substantiellement fondée ? Est-ce que toutes les formes de la vie sociale « consistent en systèmes de comportement qui représentent la projection, au niveau de la pensée consciente et socialisée, des lois universelles qui régissent les activités inconscientes de l'esprit [30] ? »

Le premier point peut être aisément accordé :

29. *Language and the analysis of social laws, in American Anthropologist,* avril-juin 1951.
30. *Id.*

les faits sociaux sont des faits de communication.
Durkheim disait qu'il fallait traiter les faits sociaux
comme des choses. On a parfois assez sottement
critiqué cette règle en supposant que le « comme »
impliquait une assimilation, qui serait évidemment
absurde, alors qu'il maintient la distinction nécessaire : c'est parce qu'ils ne sont pas des choses
qu'il peut être utile de les traiter comme s'ils en
étaient. Ils ne sont pas des choses, mais on ne peut
les réduire à de simples processus conscients et
individuels. Il faut donc, paraphrasant Durkheim, les
traiter comme des mots, précisément parce que les
mots sont comme des choses pour ceux qui les
emploient. On a indiqué plus haut le parallélisme
entre les règles de la parenté et le langage : les
« femmes du groupe » sont échangées entre les
clans, les lignées ou les familles, comme les « mots
du groupe » sont échangés entre les individus. Non
seulement la linguistique vient éclairer les problèmes
de parenté, mais l'étude de celle-ci permet de suggérer une solution au problème de l'origine du langage,
et cette réciprocité manifeste bien le caractère subs-
tantiel de la comparaison. Il peut paraître scandaleux que les femmes soient considérées comme des
objets, comme de simples éléments d'un système
signifiant. En fait, les femmes sont des valeurs — et
des valeurs de la plus haute importance — qui ne
peuvent jamais se réduire à de purs signes, « car

les mots ne parlent pas, alors que les femmes parlent [31] ». Est-ce à dire que la communication des
femmes et celle des mots soient finalement incomparables ? Au contraire, car les mots, avant de
devenir signes, ont été des valeurs. Aussi bien, la
poésie reste-t-elle possible. Mais l'échange des femmes ne pourra jamais tomber jusqu'au niveau de la
communication prosaïque. « C'est précisément pour
cette raison que la position des femmes, telle qu'on
la trouve actuellement dans le système interhumain
de communication... peut nous fournir une image
utilisable du type de relations qui a pu exister lors
d'une très ancienne période du développement du
langage entre les êtres humains et leurs mots... Parce
qu'en effet certains termes sont simultanément per-
çus comme ayant une valeur à la fois pour celui
qui parle et pour celui qui écoute, le seul moyen
pour résoudre la contradiction réside dans l'échange
de valeurs complémentaires, échange auquel se
ramène toute l'existence sociale [32] ». C'est dans cet
esprit qu'en conclusion de l'article, d'où les citations
précédentes sont extraites, Lévi-Strauss esquisse une
comparaison entre les langues parlées dans différentes régions du monde et les systèmes de parenté
qui y sont en vigueur.

Le second point soulève des problèmes plus
compliqués. Si l'explication des phénomènes sociaux
doit être cherchée au niveau des « lois universelles

31. *Ibid.*
32. *Ibid.*

qui régissent les activités inconscientes de l'esprit »,
on risque de manquer la compréhension concrète,
qui, finalement, est toujours individuelle : son but
est de comprendre telle société bien localisée dans
l'espace et le temps, et, plus encore, « un individu
quelconque de l'une quelconque de ces sociétés [33] ».
Autrement dit, il ne s'agit pas d'éliminer la subjectivité d'une analyse historique ou comparative, il
s'agit de montrer qu'elles sont complémentaires.
Lévi-Strauss ne se dissimule nullement le problème
qui est en somme celui de la communication entre
moi et autrui, entre l'ethnologue et l'indigène. Or,
comment s'assurer que cette communication est
réelle, ne repose pas sur un malentendu ? Mais,
d'autre part, il n'est pas possible d'y renoncer,
même si l'on ne parvient pas à lui trouver une
garantie. « Cette difficulté serait insoluble, les subjec-
tivités étant, par hypothèse, incomparables et incom-
municables, si l'opposition entre moi et autrui ne
pouvait être surmontée sur un terrain, qui est aussi
celui où l'objectif et le subjectif se rencontrent, nous
voulons dire l'inconscient... L'inconscient serait ainsi
le terme médiateur entre moi et autrui. En appro-
fondissant ses données, nous ne nous prolongeons
pas, si l'on peut dire, dans le sens de nous-mêmes :
nous rejoignons un plan qui ne nous paraît pas
étranger parce qu'il recèle notre moi le plus secret ;
mais (beaucoup plus normalement) parce que, sans

33. Introduction à l'œuvre de Mauss.

nous faire sortir de nous-mêmes, il nous met en coïncidence avec des formes d'activité qui sont à la fois nôtres et autres, conditions de toutes les vies mentales de tous les hommes et de tous les temps. Ainsi, l'appréhension (qui ne peut être qu'objective) des formes inconscientes de l'activité de l'esprit conduit tout de même à la subjectivation, puisqu'en définitive, c'est une opération du même type qui, dans la psychanalyse, permet de reconquérir à nous-mêmes notre moi le plus étranger, et dans l'enquête ethnologique, nous fait accéder au plus étranger des autrui comme à un autre nous. Dans les deux cas, c'est le même problème qui se pose, celui d'une communication cherchée, tantôt entre un moi subjectif et un moi objectivant, tantôt entre un moi objectif et un autre subjectivité. Et, dans les deux cas aussi, la recherche la plus rigoureusement positive des itinéraires inconscients de cette rencontre, tracés une fois pour toutes dans la structure innée de l'esprit humain et dans l'histoire particulière et irréversible des individus ou des groupes, est la condition du succès [34] ». Ce succès, Lévi-Strauss le définit en ces termes : « Si, comme nous le croyons, l'activité inconsciente de l'esprit consiste à imposer des formes à un contenu, et si ces formes sont fondamentalement les mêmes pour tous les esprits, anciens et modernes, primitifs et civilisés, il faut et il suffit d'atteindre la structure inconsciente, sous-jacente à chaque insti-

34. *Id.*

tution ou à chaque coutume, pour obtenir un principe d'interprétation valable pour d'autres institutions et d'autres coutumes, à condition, naturellement, de pousser assez profondément l'analyse [35]. »

L'intérêt de cette conception est de résoudre les
deux problèmes posés dans la première partie de cet
article : celui du maintien et de la compréhension
des différences en tant que telles, et celui de leur
intégration dans un système global. L'analyse, que
préconise Lévi-Strauss, suppose une description aussi
fouillée que possible de chaque culture considérée
pour elle-même, et, aussi loin que cette analyse
soit ensuite poussée, elle n'a de valeur que si elle
permet d'opérer un retour aux faits empiriques.
Sans doute la structure inconsciente, qu'il s'agit
d'atteindre, doit-elle être commune à des cultures
diverses. Mais cette identité n'efface nullement cette
diversité : l'une et l'autre ne se situent pas au
même niveau. C'est précisément parce que cette
identité doit être rigoureuse et n'être en rien une
analogie, qu'il n'est pas nécessaire de minimiser
les différences. C'est en effet l'analogie qui atténue
les oppositions sur le plan même où on les constate ;
l'identité, en revanche, parce qu'elle est découverte
sur un autre plan, les conserve en les systématisant.
Au surplus, elle n'est pas celle d'une essence
humaine authentique, dont les cultures seraient les
manifestations secondaires : elle est uniquement celle

35. *Histoire et Ethnologie* (*Revue de métaphysique et
de morale*).

d'une structure générale, impersonnelle et, pour ainsi
dire, décentrée. Du même coup, le relativisme est
dépassé ; les cultures ne sont plus, inexplicablement,
les unes à côté des autres, elles forment un vaste
système, qui, il est vrai, reste encore à constituer.
Mais cet idéal n'apparaît plus impossible à atteindre ;
c'est en tout cas celui que Lévi-Strauss assigne à
l'ethnologie : « Son but est d'atteindre... un inventaire de possibilités inconscientes, qui n'existent pas
en nombre illimité ; et dont le répertoire, et les
rapports de compatibilité ou d'incompatibilité que
chacune entretient avec toutes les autres, fournissent
une architecture logique à des développements historiques qui peuvent être imprévisibles, sans être
jamais arbitraires [36]. »

Le paradoxe de cette phrase — comme d'ailleurs
de tout l'article, d'où elle est tirée — c'est de vouloir
réconcilier l'ethnologie et l'histoire, au moment même
où, en fait, la conception que Lévi-Strauss se fait
de la première aboutit à dévaluer la seconde. Pré-
cisons tout de suite qu'il serait absurde de le lui
reprocher, car, sauf pétition de principe, la référence à l'histoire ne saurait être considérée d'emblée
comme décisive. Simplement on arrive ici au problème le plus difficile, celui qui peut le mieux
éclairer l'inspiration même de l'œuvre. Le fait que
Lévi-Strauss veuille opérer une telle conciliation,
montre qu'il en est conscient. Mais la solution qu'il
propose dans cet article laisse de côté le point le

36. *Ibid.*

plus important. En gros, elle consiste à dire que
l'ethnologue ne peut se dispenser de rechercher le
passé de la société qu'il étudie, et inversement que
l'historien ne saurait mépriser les renseignements
que lui apporte l'ethnologue ; la différence entre les
deux disciplines serait d'orientation plus que d'objet :
« elles se distinguent surtout par le choix de perspectives complémentaires : l'histoire organisant ses
données par rapport aux expressions conscientes,
l'ethnologie par rapport aux conditions inconscientes, de la vie sociale [37]. » Mais « toutes deux étu-
dient des sociétés qui sont autres que celle où nous
vivons. Que cette altérité tienne à un éloignement
dans le temps ou à un éloignement dans l'espace,
ou même à une hétérogénéité culturelle, est un
caractère secondaire par rapport à la similitude de
position [38]. » Ce que Lévi-Strauss paraît ne pas
voir, c'est que, dans ces conditions, l'historicité
devient secondaire : elle consiste simplement à dater
la société, qu'on étudie ensuite pour elle-même.
L'histoire, qu'il n'a évidemment aucune peine à
réconcilier avec l'ethnologie, est la reconstitution
d'un « passé » — qui n'est en somme considéré que
comme « lointain » —, et non la saisie d'une
temporalité, d'un mouvement proprement historique
qui, précisément en tant que mouvement, se don-
nerait à lui-même sa signification. Deux conceptions de l'histoire s'opposent donc, qu'on peut illustrer par l'opposition des jeux de bridge et d'échecs,

37-38. *Ibid.*

qui tous les deux consistent en un déroulement non arbitraire de coups à jouer. « Dans une partie d'échecs n'importe quelle position donnée a pour caractère singulier d'être affranchie de ses antécédents ; il est totalement indifférent qu'on y soit arrivé par une voie ou par une autre ; celui qui a suivi toute la partie n'a pas le plus léger avantage sur le curieux qui vient inspecter l'état du jeu au moment critique [39]. » Dans une partie de bridge, en revanche, il est toujours capital de savoir ce qui s'est passé avant le coup à jouer ; on ne comprend pas pourquoi, à la dixième levée par exemple, le jeu se présente de telle manière, si l'on n'a pas suivi les neuf précédentes. L'ordre du bridge est un ordre diachronique, celui des échecs est synchronique. Cette opposition ne saurait être minimisée ; elle ne peut en tout cas être aussi aisément surmontée que semble le croire Lévi-Strauss dans l'article cité. Sans doute dirait-il — et c'est vrai — qu'il ne méconnaît pas l'importance de l'ordre diachronique, mais les citations précédentes montrent qu'il le subordonne à l'ordre synchronique.

Cette subordination de l'histoire à l'analyse synchronique des structures s'exprime dans plusieurs thèmes qui, sous-jacents dans ses autres livres, reviennent avec insistance dans *Tristes Tropiques*. Il y a d'abord le thème du problème identique que

---

39. F. de SAUSSURE, *Cours de linguistique générale*, p. 126. F. de Saussure voulait seulement souligner l'indépendance du point de vue synchronique en linguistique.

les hommes se seraient toujours posé : former une
société transparente pour elle-même, au sein de
laquelle la réciprocité jouerait sans discordance.
« Notre position revient à dire que les hommes ont
toujours et partout entrepris la même tâche en
s'assignant le même objet et qu'au cours de leur
devenir les moyens seuls ont différé. J'avoue que
cette attitude ne m'inquiète pas ; elle semble la mieux
conforme aux faits, tels que nous les révèlent l'histoire et l'ethnographie ; et surtout elle me semble
la plus féconde... Si les hommes ne se sont jamais
attaqué qu'à une besogne, qui est de faire une société
vivable, les forces qui ont animé nos lointains ancê-
tres sont aussi présentes en nous. Rien n'est joué ;
nous pouvons tout reprendre. Ce qui fut fait et
manqué peut être refait [40] ». On se tromperait fort,
si l'on cherchait dans les deux dernières phrases
l'idée qu'il peut y avoir une aventure humaine. Il
s'agit de répéter une tentative dont la signification
est déterminée a priori par le double rapport de
l'homme à la nature, rapport positif d'échange dans
un cas, rapport négatif d'arrachement dans l'autre :
la répéter, rien de plus, parce que tout ce qui
compte vraiment se situe au début, dans le mouvement initial par lequel l'homme instaure le règne de
la culture. « Dans quelque domaine que ce soit, seule
la première démarche est intégralement valable. »
C'est un deuxième thème : celui de « la grandeur
indéfinissable des commencements [41] ». La culture,

40-41. *Tristes Tropiques*, p. 424.

c'est le refus de l'opacité naturelle, de l'être chose.
Par hypothèse, ce refus ne peut être qu'inaugural.
Aucun progrès n'est concevable. Ce qui au contraire
se conçoit sans peine, c'est une dégradation, un
retour du naturel dans le culturel : toute société se
pétrifie, perd sa transparence, l'événement y intro-
duit des discordances que ses membres subissent
sans les comprendre. L'histoire ne serait donc qu'une
« entropologie » : hégélianisme renversé ! Mais
même ainsi elle n'est pas saisissable : pratiquement,
en effet, cette grandeur de commencements ne peut
être que présumée, il est impossible de la saisir
concrètement [42] ; les cultures dites « primitives »
sont très vieilles. Toutefois, cette impossibilité de
fait d'échapper à l'histoire ne conduit pas Lévi-
Strauss, du moins dans ce livre, à chercher en elle
un intérêt positif. Son seul intérêt est négatif : il est
de révéler la structure qui lui résiste, qu'elle ne
parvient pas à dissocier jusqu'à la rendre incom-
préhensible. Comprendre une société pourtant plon-
gée dans l'histoire, c'est déceler en elle la structure
déformée mais reconnaissable, qui se réfère à l'essence de son commencement, et imaginer les conditions idéales qui auraient pu la maintenir indéfini-

42. Quittant les Nambikwara, LÉVI-STRAUSS écrit :
« J'étais allé jusqu'au bout du monde à la recherche de
ce que Rousseau appelle les progrès insensibles des commencements... j'avais cherché une société réduite à sa plus
simple expression. Celle des Nambikwara l'était au point
que j'y trouvai seulement des hommes. » *Tristes Tropiques,*
p. 339.

ment dans son début. Ainsi voit-on que le primat
théorique de l'initial se traduit, dans l'étude concrète,
par le primat de la structure synchronique sur
l'événement historique. La conclusion est la même,
quand, au lieu de considérer l'histoire particulière
d'une société, Lévi-Strauss essaie d'embrasser l'ensemble de l'évolution humaine et d'y situer notre
civilisation occidentale : « Ce qui m'effraye en Asie,
c'est l'image de notre futur, par elle anticipée. Avec
l'Amérique indienne je chéris le reflet, fugitif même
là-bas, d'une ère où l'espèce était à la mesure de
son univers et où persistait un rapport valable entre
l'exercice de la liberté et ses signes [43]. » L'histoire
semble ainsi étalée d'un seul coup sous nos yeux et,
pour ainsi dire, géographiquement. On comprend
alors la passion de Lévi-Strauss pour la géologie,
dont l'étude permet parfois d'assister à ce « miracle » : « soudain l'espace et le temps se confon-
dent [44] ». Mais en histoire, le miracle devient
paradoxe, si ce n'est prestidigitation : la dimension
temporelle disparaît !

C'est ici seulement que la critique de Lefort
prend son sens. Autant il nous paraissait injustifié
de reprocher à Lévi-Strauss de rationaliser artificiellement l'expérience, de la méconnaître et finalement d'en manquer le sens, autant qu'il nous paraît
normal de constater que l'analyse structurale, telle

43. *Id.*, p. 151.
44. *Id.*, p. 48.

qu'il la pratique, ne lui permet guère de comprendre
la dialectique historique. Toutefois, la portée critique de cette constatation dépend de la signification
qu'on attache à l'histoire, dont la méconnaissance
peut, après tout, n'être pas si grave, ou du moins
s'expliquer et se corriger sans remettre en cause les
résultats précédemment acquis. Evidemment, si,
comme Lefort dans son article des *Temps Modernes,*
on pense que l'historicité est le caractère fondamental de l'humanité, celui dont il faut rendre compte
d'abord pour la comprendre pleinement, la subordination du diachronique au synchronique apparaît
comme une erreur irrémédiable. En revanche, si —
toujours comme Lefort, mais cette fois dans un
article ultérieur des *Carnets internationaux de sociologie* — on pense que « l'histoire n'est pas donnée
avec la coexistence », qu'elle surgit « sur un fond
de relations humaines qui ne la fondent pas nécessairement [45] », la perspective change du tout au
tout. Dans cet article, en effet, Lefort nuance sa
position première : l'histoire reste bien ce qu'il s'agit
avant tout d'expliquer, mais ce n'est plus parce
qu'elle serait la marque essentielle de l'humanité,
c'est au contraire parce qu'elle apparaît comme un
paradoxe, une véritable révolution dans la condition
humaine, bref, comme une « aventure » [46]. Mais

45. Claude LEFORT, *Société sans histoire et historicité,*
in *Cahiers internationaux de Sociologie,* vol. XII, 7ᵉ année,
1952.
46. *Ibid.*

alors l'analyse structurale garde toute sa valeur de
base ; les critiques précédentes limitent ses préten-
tions d'expliquer à elle seule tout ce qui est humain,
mais elle reste la discipline fondamentale : c'est en
fonction des résultats qu'elle a permis d'atteindre
qu'il faut poser à nouveau le problème de l'histoire.

Ce n'est certainement pas facile, et *Tristes Tropiques*, le dernier en date de ses écrits, montre, on
vient de le voir, à quel point Lévi-Strauss reste
attaché à sa thèse initiale, qui, quoi qu'il ait pu
en dire, constitue une dévaluation radicale de
l'histoire. Pourtant, dans un opuscule qui date de
1952 [47] et dans sa polémique contre Roger Caillois [48],
il a ouvert une voie vers une solution possible. Il
aborde en effet dans ces textes le problème du progrès, c'est-à-dire d'une histoire cumulative. Il en voit
l'explication à la fois dans la différenciation des
cultures et dans leurs contacts, dans ce qu'il nomme
leur « coalition », sans que ce mot implique forcé-
ment l'idée d'une collaboration harmonieuse et paci-
fique. On conçoit aisément que cette solution ait pu
tenter Lévi-Strauss : elle paraît de nature à justifier
une perspective diachronique sans pour autant remettre en cause la structure générale des cultures dont
les contacts historiques ne sauraient infirmer la systématisation synchronique. Cependant, elle se heurte
à une grave difficulté, qu'il n'ignore d'ailleurs pas

47. *Race et Histoire*. Unesco, 1952.
48. Diogène couché, *Temps Modernes*, mars 1955.

puisqu'il écrit : « pour progresser, il faut que les hommes collaborent ; et, au cours de cette collaboration, ils voient graduellement s'identifier les apports, dont la diversité initiale était précisément ce qui rendait leur collaboration féconde et nécessaire [49]. » Autrement dit, le progrès se stériliserait lui-même et ne pourrait reprendre que par de nouvelles diversifications. Deux possibilités se présentent alors : ou bien il y aura effectivement une fin de l'histoire et celle-ci apparaîtra simplement comme l'expression diachronique et subordonnée de la diversité synchronique initiale dont le système, s'il était exactement élaboré, permettrait la prévision a priori du déroulement historique, ou bien les rencontres interculturelles créeront successivement des diversités qui s'organiseront selon des structures réellement nouvelles, dont l'étude synchronique restera évidemment possible mais n'excluera pas l'instauration d'un ordre diachronique autonome dont la compréhension ne saurait être déterminée à l'avance. La question de savoir comment unir analyse structurale et analyse historique, comment concevoir en même temps un ordre synchronique et un ordre diachronique, reste donc ouverte. Ce problème se pose au marxisme dans des termes formellement analogues. Le marxisme voit en effet dans l'histoire l'expression dynamique d'une structure sociale absolument générale — les rapports entre classes — et en même

49. *Ibid.*

temps un mouvement autonome qui se donne sa
propre signification. On met l'accent tantôt sur un
aspect, tantôt sur l'autre, on ne veut renoncer — et
on a sans doute raison — ni à l'un, ni à l'autre.
Le fait est que leur synthèse n'est pas vraiment
réalisée [50]. C'est pourquoi on attend avec intérêt
l'essai annoncé par Lévi-Strauss sous le titre *Ethnologie et marxisme.*

L'ethnologue n'est donc pas heureux : ni comme
théoricien, ni comme homme. Il est sans doute
inutile d'insister davantage sur les difficultés du
théoricien, dont l'optimisme apparent et quelque peu
tranchant a été singulièrement contesté par le désen-
chantement de l'homme qui a écrit *Tristes Tropiques.* Parti à la recherche des cultures, il se détache
de toutes celles qu'il a pu connaître, et entre lesquelles, sans pouvoir se satisfaire d'un éclectisme trop
commode, il va et vient comme un fantôme. Mais
il n'est pas seulement déchiré entre les cultures particulières, dont il ne sait s'il travaille à leur dispari-
tion ou à leur sauvegarde ; l'opposition fondamentale de la Culture et de la Nature, dont il voit bien
aussi l'inextricable liaison, déclenche en lui des
sentiments violemment contrastés. Que la Nature
subsiste dans la Culture et fasse de celle-ci autre
chose qu'un dur squelette de règles, appelle sa
tendresse et provoque sa sensualité. Mais la Nature

---

50. C'est bien pourquoi il est absurde de vouloir « dépasser » ou « repenser » le marxisme ; il s'agit de le développer.

subsiste aussi sous la Culture comme l'opacité à laquelle celle-ci s'est arrachée mais où elle risque toujours de retomber et de se pétrifier, et cela suscite son horreur. Il lui faut prendre son parti de ce déchirement. C'est la rançon des connaissances qu'il obtient. On dit souvent que l'observation modifie la réalité observée. Elle modifie aussi celui qui observe. L'ethnologue l'apprend au prix de son confort physique sans doute, de son confort moral aussi.

DU MÊME AUTEUR

Aux Éditions Gallimard

Réponse au DISCOURS DE RÉCEPTION À L'ACADÉMIE FRANÇAISE *d'Alain Peyrefitte*

Réponse au DISCOURS DE RÉCEPTION À L'ACADÉMIE FRANÇAISE *de Georges Dumézil*

Chez d'autres éditeurs

LA VIE FAMILIALE ET SOCIALE DES INDIENS NAMBIKWARA (Paris, Société des Américanistes, 1948).

LES STRUCTURES ÉLÉMENTAIRES DE LA PARENTÉ (Paris, Presses Universitaires de France, 1949. Nouvelle édition revue et corrigée, La Haye-Paris, Mouton et Cie, 1967).

RACE ET HISTOIRE (Paris, Unesco, 1952).

TRISTES TROPIQUES (Paris, Librairie Plon, 1955. Nouvelle édition, revue et corrigée, 1973).

ANTHROPOLOGIE STRUCTURALE (Paris, Librairie Plon, 1958).

LE TOTÉMISME AUJOURD'HUI (Paris, Presses Universitaires de France, 1962. Nouvelle édition, 1991).

LA PENSÉE SAUVAGE (Paris, Librairie Plon, 1962).

MYTHOLOGIQUES * LE CRU ET LE CUIT (Paris, Librairie Plon, 1964).

MYTHOLOGIQUES ** DU MIEL AUX CENDRES (Paris, Librairie Plon, 1967).

MYTHOLOGIQUES *** L'ORIGINE DES MANIÈRES DE TABLE (Paris, Librairie Plon, 1968).

MYTHOLOGIQUES **** L'HOMME NU (Paris, Librairie Plon, 1971).

ANTHROPOLOGIE STRUCTURALE DEUX (Paris, Librairie Plon, 1973).

LA VOIE DES MASQUES (Genève, Éditions d'Art Albert Skíra, 2 vol., 1975. Édition revue, augmentée et allongée de trois excursions, Paris, Librairie Plon, 1979).

LE REGARD ÉLOIGNÉ (Paris, Librairie Plon, 1983).

PAROLES DONNÉES (Paris, Librairie Plon, 1984).

LA POTIÈRE JALOUSE (Paris, Librairie Plon, 1985).

DE PRÈS ET DE LOIN, ENTRETIENS AVEC DIDIER ÉRIBON (Paris, Éditions Odile Jacob, 1988).

HISTOIRE DE LYNX (Paris, Librairie Plon, 1991).

DANS LA COLLECTION FOLIO/ESSAIS

*Cet ouvrage a été reproduit
et achevé d'imprimer par l'Imprimerie Floch
à Mayenne le 27 septembre 1993.
Dépôt légal : septembre 1993.
1er dépôt légal dans la même collection : avril 1987.
Numéro d'imprimeur : 34747.*

ISBN 2-07-032413-3 / Imprimé en France.